개정3판

일반경비원 신임교육교재

권창국 · 김봉석 · 박종승 · 신소라
송근석 · 이만춘 · 조정규 · 홍승표

THE PRIVATE SECURITY TRAINING MATERIALS

박영사

개정3판 머리말

일반경비원 신임교육과정을 운영하면서, 교육을 이수한 분들이 실무에서 경비원으로서 역량을 충분히 발휘할 수 있는 효과적이면서도 부담스럽지 않은 분량의 교재에 대한 필요에서 출발한 이 책이 나온지도 벌써 8년여의 시간이 흘렀다. 처음에는 전주대학교 경찰학과가 경찰청으로부터 위탁받은 일반경비원 신임교육과정에서의 활용에 한정하였지만, 현재는 다른 교육기관에서도 이 책을 교재로 활용하는 것으로 알고 있다. 해당 교육과정에 적합한 교재가 그만큼 제한적인 탓이겠지만, 목표했던 이상으로 이 책이 좋은 교재로 평가받고 있는 것으로 생각되어 내심 기쁘기도 하다.

이전에도 두 차례 개정한 바 있지만, 지난 2022년 11월 경비업법의 일부 개정에 따라서 부분적이지만 내용을 보완하여 다시금 개정판을 출간하게 되었다. 즉, 경비업 허가요건과 관련하여 시설경비업 허가 시 인적요건과 특수경비원의 당연퇴직사유에 대한 개정이 이루어졌고, 2023년 3월에는 경비업법 제7조 5항 및 제19조 1항 2호 중 시설경비업무에 관한 부분에 대한 헌법재판소의 헌법불합치결정이 이루어졌는데, 이번 개정판에 반영하도록 하였다. 아울러 이전 판에서 미흡했던 부분도 함께 보완하도록 하였다.

모쪼록 이번 개정으로 좀 더 충실하고 효과적인 교재로 이 책이 활용될 수 있기를 바란다. 이번 개정작업에서 수고해주신 공동저자분들 그리고 편집과 출간에 협력해주신 ㈜박영사 관계자분들께 재차 깊은 감사의 인사를 드리고자 한다.

2024. 3. 31.

공동저자를 대표하여

전주대학교 경찰학과 교수 권 창 국

개정2판 머리말

전주대학교 경찰학과가 주축이 되어 일반경비원 신임교육과정을 운영하게 된 것은 2016년도부터인데, 지난 2020년 12월까지 5년간의 교육과정 운영을 종료하고 2021년 1월부터 다시 5년간 교육과정을 새롭게 운영하게 되었다.

본 교재는 일반경비원 신임교육과정에 필요한 교재가 거의 전무한 상태에서 각 이수 교과목 강의를 담당하시는 강사분들의 주도로 만들어진 본격적인 강의교재로 그동안 여타 교육기관 등에서도 교재로 폭넓게 활용되어 왔다. 부족한 내용임에도 불구하고 이 책을 교재나 참고자료 등으로 활용해주신 독자 여러분께 이 자리를 빌려 대표저자로서 감사의 말씀을 드린다.

한편, 교재로 활용함에 따라 잘못된 부분의 수정과 함께 변화된 내용을 새롭게 반영하여야 할 내용이 제기됨에 따라 개정판에 이어서 새롭게 개정2판을 시도하게 되었다. 24시간으로 제한된 교육시간과 함께 일반인들을 상대로 이루어지는 교육과정이니만큼, 간결하고 이해하기 쉬운 내용의 교재가 될 수 있도록 고민하였으나, 아직까지 독자 여러분들의 기대에 미흡한 부분이 많을 것으로 짐작된다. 이처럼 미흡한 부분에 대해서는 추후 다시 반영할 수 있도록 약속드린다.

2021년 5월

전주대학교 민간경비교육센터장

대표저자 권 창 국

개정판 머리말

일반경비원 신임교육 교재 초판의 발행 이후 2년여의 시간이 지나면서, 교재에 대한 몇 가지 수정보완의 필요성이 제기되어 이번에 개정판을 새롭게 내놓게 되었다. 대폭의 개정은 아니지만 실제 일반경비원 신임교육과정에서 교재로서의 활용가치를 높이기 위하여, 각 교과목별로 할당된 강의시간에 최대한 적합할 수 있도록 기술내용의 분량을 보다 간결하게 정리하고 실무적 활용에도 도움이 될 수 있도록 경비원으로서 꼭 학습해야할 내용에 집중하여 기술하도록 하였다. 또한 경비업법의 개정 등으로 교재내용의 수정이 필요한 부분도 적절히 반영될 수 있도록 하였다.

개정판의 원고준비로 수고해주신 공동 집필자분들과 상업성이 충분하지 못함에도 불구하고 이번 개정판의 출간도 적극 도움을 주신 ㈜박영사 관계자 분들에게 감사의 말씀을 전하고자 한다.

2018년 7월 6일

전주대학교 민간경비교육센터장

대표저자 권 창 국

머리말

민간경비원에 대한 교육제도가 공식적으로 도입된 것은 1977년 용역경비업법에서 부터이다. 최초 민간경비원 교육은 용역경비협회가 주관하되, 경찰교육기관에 위탁할 수 있도록 하였으나, 1999년 용역경비업법을 대신하여 새롭게 현행 경비업법이 제정되고, 이후 2001년에 개정된 동법에 의하여 경비업무 관련 전공과정이 설치된 대학 등 민간기관에서도 민간경비원 교육을 위탁받아 실시할 수 있게 되었다.

현재 민간경비원 교육은 재직 중인 경비원에 대한 보수교육을 제외한 신임교육의 경우, 일반경비원 및 특수경비원 그리고 경비지도사 교육과정의 3가지 유형으로 구분되어 진행되고 있으며, 이 중 일반경비원 신임교육은 2016년 현재 전국 41개 교육기관에서 시행되고 있다.

현행 경비업법 등 관련 법령은 일반경비원 신임교육은 총 10개 교과목에 걸쳐 24시간의 교육을 이수하도록 규정하고, 이러한 교육과정을 이수한 자에 한하여 경비원직무수행을 허용함으로써, 경찰(public policing)과 함께 우리 사회 내 안전수요의 한축을 담당하고 있는 민간경비(private security or private policing)의 수준과 역량제고를 도모하고 있다.

이 교재는 일반경비원 신임교육과정에 필요한 각 교과목의 내용을 제한된 시간 내에 각 교육생들에게 효과적으로 전달함으로써, 민간경비원으로 재직 중 발생할 수 있는 다양한 사례에 즉응하여 효과적인 업무수행이 이루어지는 것을 목표로 구성하였다. 물론, 아직까지 우리 사회에서 민간경비의 기능 등에 대한 이론적, 실무적 논의가 충분히 축적되지 않은 시점으로, 필요한 교육과정이나 내용의 통일성을 확보하거나 민간경비에 대한 사회적 수요를 정확히 포착하기도 어렵기 때문에 교재 내용이 위와 같은 목표를 달성하기 필요 충분한 내용을 담고 있다고 단언할 수는 없다.

비록 미진한 부분이 있지만 지속적인 사후 보완을 약속하고, 제한된 내용이지만 이 교재를 통한 교육과정에서 전달된 내용이 실무에서 제기될 수 있는 다양한 문제 사례를 해결하는데 도움이 될 수 있기를 바란다. "아울러, 부족한 시간에도 불구하고 교재발간을 위해 애써주신 공동집필진 여러분 및 출판과정에서 많은 도움을 주신 ㈜박영사 관계자 분들께 감사의 인사를 드리고자 한다."

2016년 9월 1일
전주대학교 민간경비교육센터장
대표저자 권 창 국

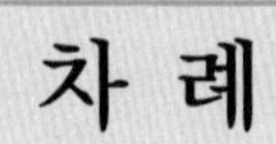

제1장 체포호신술 / 1

제4장 경비업법 / 51

제6장 장비 사용법 / 79

제1장

체포호신술

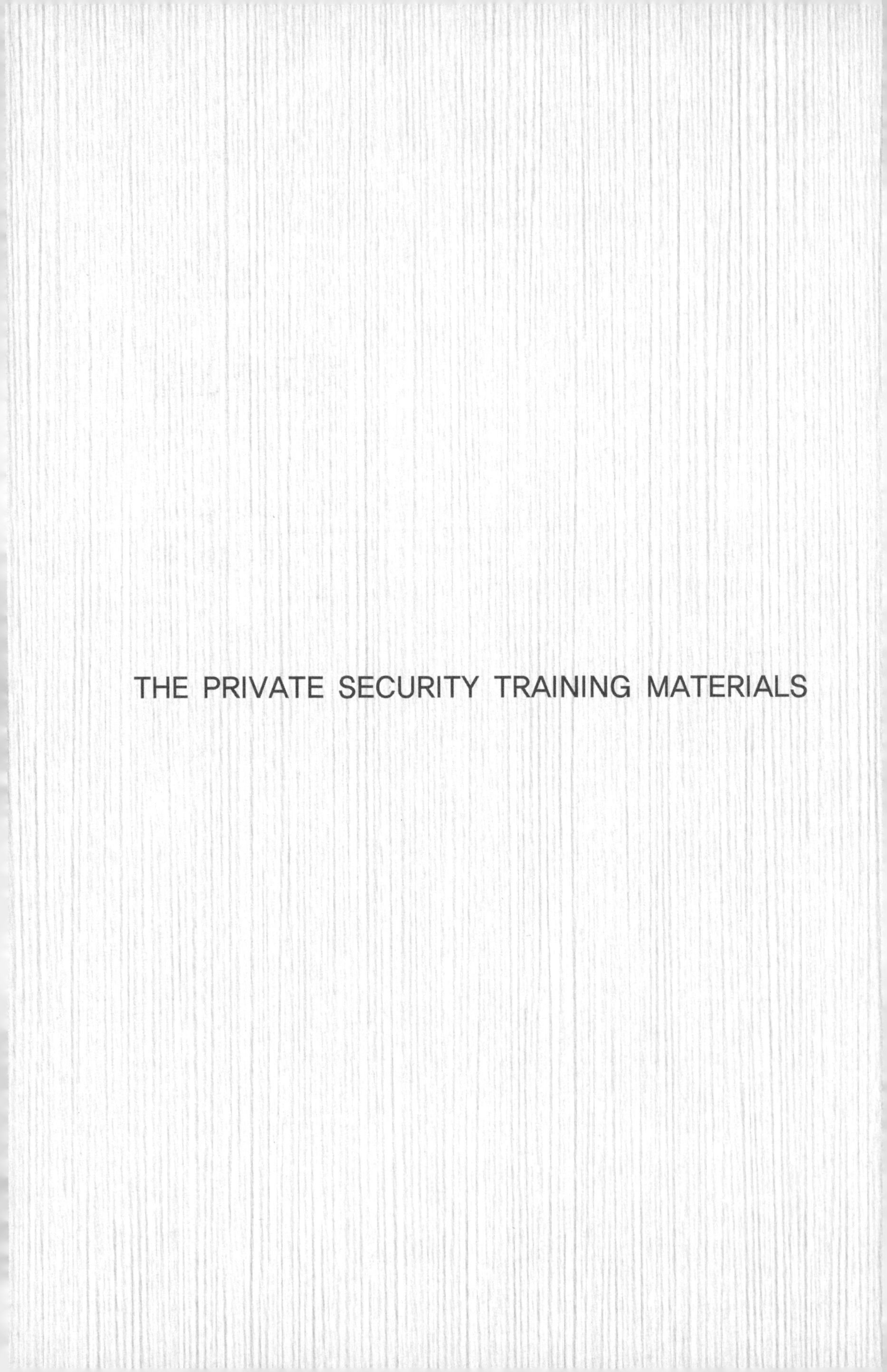

THE PRIVATE SECURITY TRAINING MATERIALS

제 1 장 체포호신술

제1절 체포호신술 개념

우리 사회는 산업화 이후 많은 발전을 하면서 물질적인 풍요와 더불어 생활의 편리성을 가져왔다. 하지만 빨리빨리와 인스턴트적인 생활습관으로 올바른 가치관과 올바른 인성이 저하되고 향락적인 풍조와 물질만능주의가 팽배하는 사회가 되었다. 이로 인해 국민의 안전에 위험요소가 많아졌고, 이러한 현상은 안전한 생활을 영위해야 할 권리를 타의적으로 잃어버리게 할 뿐만 아니라 사회에 불안전한 생활이 뒤따르게 되므로 고객의 생명과 재산을 보호해야 할 민간경비원의 의무와 역할이 그 어느 때보다 중요하게 대두되고 있다.[1)]

민간경비원은 국민의 재산과 신체의 보호와 범죄의 예방 등 공공의 안녕과 질서유지를 위하여 법이 규정하는 범위 내에서 업무를 수행한다. 범죄의 예방과 진압을 통해 국민의 생명과 안전, 재산을 보호하는 것이다. 민간경비원은 범죄현장에서 범죄를 인지하고 진압할 시에도 자신과 범인 모두 다치지 않게 최대한 안전하게 범인을 체포하고 상황을 통제해야 한다.

체포호신술이란 민간경비원들이 직무수행 중 범인으로부터의 공격, 난동 등에 대비하여 자신의 몸을 안전하게 보호하면서도 나아가서는 범인을 제압, 체포할 수 있도록 과학적 원리에 입각하여 만든 물리적인 기술과 호신장구 사용방법이다. 체포호신술은 특히 공격 정도에 따른 단계적 대응으로 상대방 인권을 최대한 보호하면서도 법집행을 달성할 수 있도록 하는 특성이 있다.[2)]

1) "Edward F.Sullivan 저(1998). 김의환 역(2006). 경찰체포호신술. 서울: 대한미디어"를 요약 및 재정리함.
2) 배상흠(2015). 경찰 교육훈련 강화 방안에 관한 연구.

1. 체포술

체포의 사전적 의미인 체포술(Arrest Tactics)은 검찰 수사관이나 사법 경찰관이 피의자를 잡는 기술을 말한다. 사법경찰관리가 현행범인, 준 현행범인, 구속영장이 발부된 피의자, 지명수배자 등의 신체, 행동의 자유를 박탈하기 위하여 체포에 필요한 기술을 인체구조 및 생체 역학적인 방법 등으로 인체의 위해를 최소화하면서 필요한 최소한의 물리적 기술로서 신체를 제압하는 기술은 좁은 의미의 체포술이며, 수단과 방법에 제한 없이 신체에 대하여 직접 구속을 가하고 행동의 자유를 박탈하는 것은 넓은 의미의 체포술을 의미한다.[3)]

현행법상 체포라 함은 사람의 신체에 대하여 직접 구속을 가하여 행동의 자유를 박탈하는 것을 말하는 것으로 그 수단·방법에는 제한이 없다. 법적인 시각에서 경찰 체포술의 개념을 살펴보면 “체포대상자등에 대하여 경찰관이 현행법규를 준수하면서 필요한 최소한의 물리적인 기술 또는 경찰장구 등의 사용뿐만 아니라 무형의 수단방법으로 인체의 위해를 최소화하면서 제압하는 것”이라고 정의할 수 있다.[4)]

민간경비원은 항시 체포술의 기법들을 몸에 익혀두어 숙달하고 있어야 하며, 만일 체포술의 부족으로 직무수행에 지장을 초래하게 된다면 경비원으로서 자질에 문제가 될 수 있다. 그렇기 때문에 민간경비원은 업무수행에 있어서 정당하게 집행할 수 있도록 기존의 체포술을 반복훈련, 새로운 기술의 습득 및 숙달을 통하여 직무수행 시 체포술의 미흡으로 인하여 문제를 야기시켜서는 안 될 것이다.[5)]

2. 호신술

호신술(護身術)은 상대로부터 예고 없이 적이나 상대로부터 공격을 당했을 때 자신의 몸을 효과적으로 방어하는 기술이다. 또한 일상생활 가운데 뒤따르는 외부의 여러 가지 위해로부터 몸을 보호하기 위한 수단이며, 격투기를 수련하는 과정에서

3) 오정주(1999). 경찰체포호신술 교본. 도서출판 인동.
4) 오정주 저(2012). 경찰체포술. 바보새.
5) 김경태 외 6인 저(2015). 일반경비원 신임교육. 진영사.

습득한 기술과 인체의 해부학적인 근거에 입각하여 가장 쉽고, 합리적인 방법으로 자기의 몸을 보호하고 나아가서는 상대를 제압하는 방법을 말한다.[6]

호신술은 호신과 기술이 합쳐진 말이다. 호신이란 자기 몸을 보호하는 것을 뜻하고, 술은 자기 몸을 보호하는 기술의 기라는 뜻이다. 즉 호신술은 타인의 공격을 방어하거나 상대의 폭력을 제어하여 자신의 안전을 지키는 기술을 의미한다.

외부로부터 가해지는 불의의 폭력이나 예측하지 못했던 사고 상황에서 태권도의 다양한 기술을 이용하여 자기 자신을 안전하게 지키기 위하여 타격법, 꺾기, 넘어뜨리기, 조르기 등 공격과 방어 기술을 개발하고 숙달하여 위험요소를 대처할 수 있는 능력을 키우는 데 목적이 있다.[7] 최홍희(1946)는 "몸에 아무것도 갖지 않고 다만 손과 발을 잘 단련하여 언제 어디서 어떠한 상황에서도, 무엇을 갖고 어떻게 공격해 오더라도 자신을 보호할 수 있는 자신력과 고도의 정신 수양을 겸한 무술이다"라고 하였다. 즉 호신술은 신체를 단련하여 체력을 향상시키고 건강을 증진시켜 자신을 보호할 수 있는 능력을 키우는 데 목적이 있다.

진정한 호신술은 상대의 공격을 미리 막아내거나 봉쇄하는 기술이다. 대부분의 무술은 공격술을 기본으로 삼아 상대에게 신체적인 상처를 준다는 점에서 호신술과는 큰 차이를 보이고 있다. 호신술은 상대의 피해를 최소한으로 줄이고 자신의 몸을 공격으로부터 안전하게 지킨다는 점에서 다른 무술과 근본적인 차이가 있다.

호신술이 수세(守勢)의 기술이라는 점은 태권도, 유도, 레슬링, 복싱 등 이미 스포츠로 발전한 다른 종목과 비교하면 확실해진다. 이들 종목은 원래 공격술을 바탕으로 삼는 적극적인 호신술 차원에서 시작된 것이다. 따라서 공격자 우위의 경기운영이 불가피하다. 판정은 공격 포인트에 의해 결정되는 탓으로 공격은 공격을 더욱 부추기는 현상으로 나타난다. 그러나 호신술은 적극적인 방어는 효과적인 공격이라는 개념에서 출발한다. 그래서 호신술은 공격자가 아니라 방어자이며 가해자가 아니라 보호자이다.[8]

---

6) 대한체육과학대학교(1992). 유도지도법. 도서출판 한일. pp. 428-437.
7) 반은아(2009). 태권도 시범 프로그램의 구성과 호신술 시범의 활성화 방안. 용인대학교.
8) 사단법인 대한호신술협회 홈페이지(http://www.hosinsul.org).

3. 체포호신술의 필요성

현대사회의 질서는 법과 공권력에 의해 유지된다. 법과 원칙의 힘은 사회질서의 안전판 역할을 한다. 그러나 법과 원칙이 사회의 안전과 질서를 책임지기 때문에 자신에게는 어떠한 위험도 없다고 확신하는 사람은 별로 없다는 것이 현실이다. 신문의 사회면이나 TV의 뉴스에서는 더 잔인하고 포악한 범죄 기사들을 다룬다.

공권력을 가진 경찰은 범죄가 발생했을 경우, 최대한 신속하게 범인을 체포할 수 있어야 한다. 이를 위해서는 안전하고 효율적인 적절한 체포호신술을 상황에 맞게 발휘함으로써 상황을 안전하게 대처해야 할 의무를 지니고 있다. 아래 그림은 지난 5년간 총 범죄 발생 및 검거 현황이다.

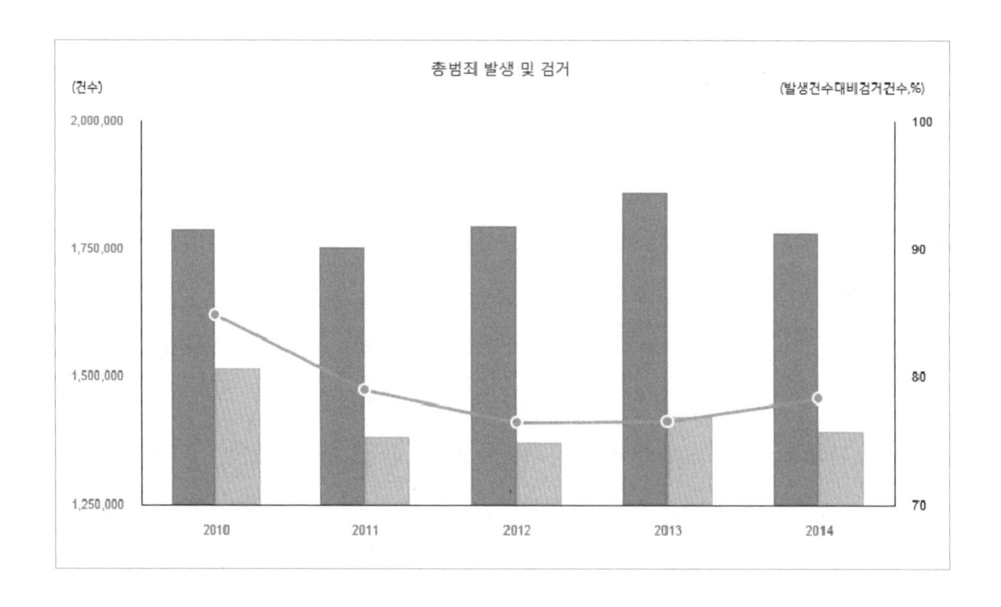

대한민국 총 범죄 발생 및 검거 추이는 2014년을 기준으로 지난 5년간의 총 범죄 발생건수의 추이를 살펴보면 2011년 소폭 감소하였다가 2013년까지 증가추세를 보였으며, 2014년은 전년 대비 4.2% 감소하였다. 2014년을 기준으로 지난 5년간의 총 범죄 검거건수의 추이를 살펴보면 2012년까지 감소하다가 2013년 소폭 증가하였으며, 2014년은 전년 대비 2.0% 감소하였다. 2014년을 기준으로 지난 5년간의 발생건수 대비 검거건수는 5년 평균 79.0%였으며, 2014년은 전년 대비 1.8% 증가하였다.[9)]

범죄가 발생하는 비율이 소폭 감소하였다고는 하나 아직도 많은 범죄가 일어나고 있으며, 많은 범죄가 검거되고 있는 것도 그림을 통해 볼 수 있다. 이러한 현상은 국민의 안전한 생활을 영위해야 할 권리를 타의적으로 잃어버리게 될 뿐만 아니라 사회의 불안정한 생활이 뒤따르게 되므로 경비원의 의무와 역할이 그 어느 때보다 중요하게 대두되고 있다는 것을 의미한다.

4. 체포호신술의 준비

민간경비원은 의뢰인의 안전과 재산을 보호하여야 하는 의무가 있기 때문에 민간경비원이 되고자 하는 사람은 '정신적 준비'가 우선적이어야 하며 '신체적 안전능력의 준비'가 되어 있어야 한다.

5. 체포호신술 신속성의 원리

체포는 자신의 몸을 보호하면서 가능하면, 양쪽 모두가 부상 없이 체포하는 일을 수행해야 하기 때문에 체포술의 원리는 기본적으로 호신술의 입장에서 출발하여야 한다. 신속성의 원리는 1단계 신속한 접근(quick approach), 2단계 신속한 판단(quick judgement), 3단계 신속한 접촉(quick contact), 4단계 신속한 제압(quick control)과 같이 '신속성의 원리'에 기인한다. '신속성의 원리'는 이와 같이 체포술에 있어서 '신속성 원리'의 단계적 과정은 때로는 시간적, 공간적으로 제한받을 수 있기 때문에 상황의 판단이 중요하다.[10)]

---

9) 국가지표체계(http://www.index.go.kr/potal/main/PotalMain.do).
10) 김경태 외 6인 저(2015). 일반경비원 신임교육. 진영사.

6. 체포호신술의 5단계

경비원의 업무수행에 있어서 실제상황이 전개되었을 때, 다음과 같은 5단계 과정을 거치게 된다.[11]

단계	과정	무기/비무기(무장/비무장)
1단계	현장출동(존재)	비무기(비무장)
2단계	언어화	비무기(비무장)
3단계	맨손기술	비무기(비무장)
4단계	충격무기	무기(무장)
5단계	소형화기	무기(무장)

7. 체포호신술의 실제

경비원은 업무수행을 위해 자신의 몸을 안전하게 지키는 호신술과 수영, 인명구조능력, 낙법을 익혀야 하며, 이와 같은 기술사용을 위해 체력육성을 위한 트레이닝이 반드시 필요하다.

체포호신술의 실제 교육내용은 다음과 같다.

1) 체포술의 자세와 중심이동
2) 목표물 설정 및 제어
3) 방어: 타격 방어, 하체 방어
4) 공격: 주먹 타격, 손바닥 타격, 팔꿈치 타격, 발차기 타격, 무릎차기
5) 연행법
6) 무기사용법 및 보관법
7) 범인 체포실습

11) 김경태 외 6인 저(2015). 일반경비원 신임교육. 진영사.

8) 가상훈련

9) 실정훈련

10) 발표회[12)]

제2절 체포호신술 실무

1. 자세와 중심의 이동

1) 자세

체포호신술에서 범인과 맞서는 경우, 범인과 거리는 1m 이상의 거리를 두는 것이 일반적이다. 경비원이 공격과 방어를 동시에 준비하는 자세를 갖는 것은 필수적이다.

안정적인 자세

권투선수의 자세

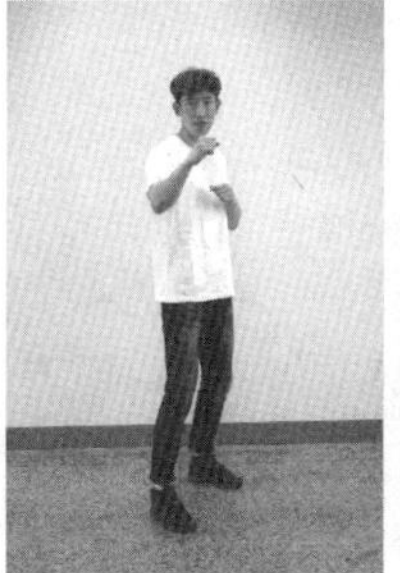
타격을 위한 자세

방어와 공격이 용이한 자세

① 안정적인 자세에서 범인과의 공간에 팔을 두어 경비원 본인을 보호하는 자세

② 권투선수의 자세는 경비원 본인의 상체 주요부위를 방어를 위한 자세

③ 타격을 위한 자세는 안정적 자세에서 범인과의 공간에 한쪽 팔과 발을 뒤로 빼는 자세

④ 방어와 공격이 용이한 자세는 몸에 중심을 낮게 두어 중심에 이동을 통해 표적에서 벗어나기 위한 자세

12) 김경태 외 6인 저(2015). 일반경비원 신임교육. 진영사.

2) 중심의 이동

범인의 공격 시 표적에서 벗어나기 위해 신체 중심을 이동하여 경비원 본인의 신체를 보호하는 방법이다. 신체 중심은 전, 후, 좌, 우를 움직일 수 있도록 적절하게 분산하여 두며, 범인의 공격과 동시에 신체 중심을 이동하여 목표에서 벗어나야 한다.

범인의 타격에서 후방으로 중심이동

범인의 타격에서 왼쪽 공간으로 중심이동

① 경비원 본인의 무릎을 굽혀 낮은 자세 취하기
② 무릎을 이용하여 범인의 공격 시 전, 후, 좌, 우 공간으로 이동하기
③ 중심이동 시 타격, 잡기, 꺾기가 가능하도록 범인과의 공간 확보하기
④ 범인에 표적에서 벗어난 후 대응하기

2. 방어하기

1) 방어

범인의 타격 공격에서 방어하기는 경비원 본인 신체의 치명적인 부위를 주로 방어하며, 방어와 동시에 공격을 하기 위한 수단으로 사용된다.

범인의 주먹 타격에 신체 방어

범인의 발차기 공격에 신체 방어

① 타격 방법과 상관없이 경비원 본인의 신체 안쪽에서 밖으로 회전을 이용한 방어
② 한손을 이용하는 것보다 양손을 교차하여 방어하면 강한 힘을 얻을 수 있음.
③ 범인의 타격과 동시에 이루어져 많은 실전 훈련이 반드시 필요함.

2) 하체 방어

범인의 하체 공격에 대한 방어는 주로 발차기에서 일어나는 하체 공격이다. 무릎의 이동으로 하체 방어를 할 수 있다. 팔을 동시에 사용하면 보다 광범위한 방어가 이루어진다.

발차기 타격에 무릎을 올려 공간 확보

무릎과 팔을 동시에 이용하여 하체 방어

3. 타격

1) 주먹 타격

주먹 가슴(명치) 타격

주먹 얼굴(인중) 타격

① 주먹 타격에서 손목은 팔꿈치와 직선이 되도록 해야 함.
② 손목에 힘을 주어 손목이 구부러지는 것을 방지해야 경비원 본인의 부상을 피할 수 있음.
③ 범인 공격에서 치아, 광대뼈 등을 피해 공격하는 것이 중요함.
④ 타격에 힘을 전달하려면 하체의 안정된 자세가 필요함.
⑤ 타격에서 반드시 목표를 정확히 설정할 필요가 있음.

2) 손바닥 타격, 팔꿈치 타격

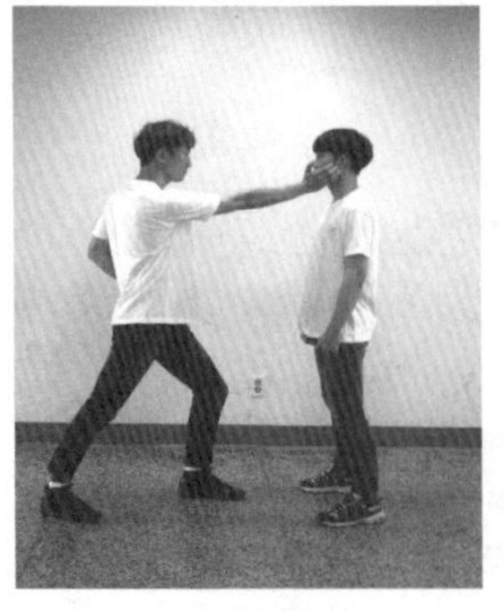
손바닥 타격

팔꿈치 타격1

팔꿈치 타격2

① 손바닥 타격은 상대에 강한 자극을 주기도 하지만, 경비원 본인의 부상방지에 도움을 줌.
② 팔꿈치 타격은 주먹, 손바닥 타격보다 상대에게 더 강한 자극을 줄 수 있음.
③ 팔꿈치 타격은 상대에게 주먹, 손바닥 타격을 할 수 있는 공간이 확보되지 않은 좁은 공간에서 사용됨.

3) 발차기

(1) 앞차기

경비원 본인은 발차기 공격 시 타격 공간을 확보해야 한다.
앞차기는 빠르게 공격할 수 있으며, 여러 부위를 타격하기에 용이하다.
항상 무릎을 이용해 목표를 설정하는 것이 좋다.

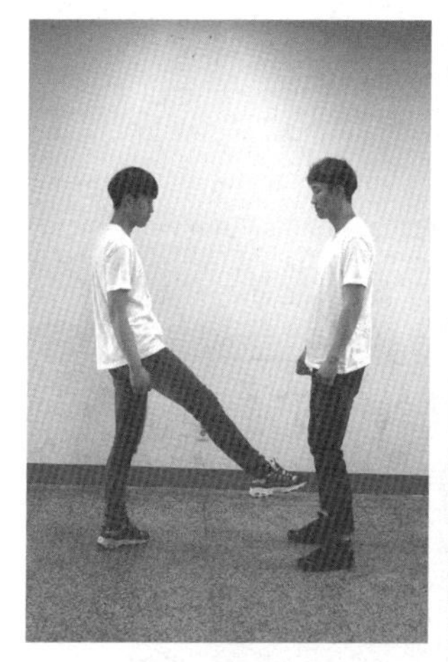
앞차기 무릎 타격

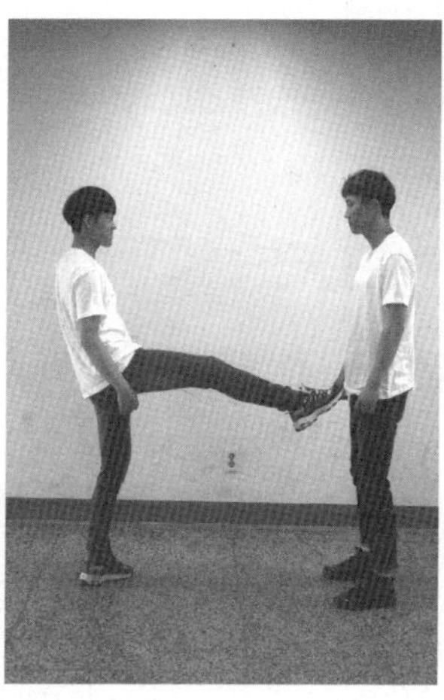
앞차기 가슴 타격

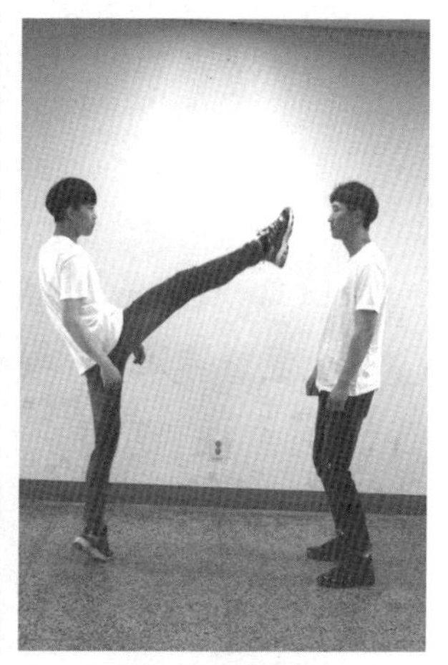
앞차기 얼굴 타격

(2) 돌려차기

앞차기보다 강한 힘을 발휘할 수 있으며, 좁은 공간에서 목표에 회전을 이용하여 타격할 수 있는 장점이 있다.

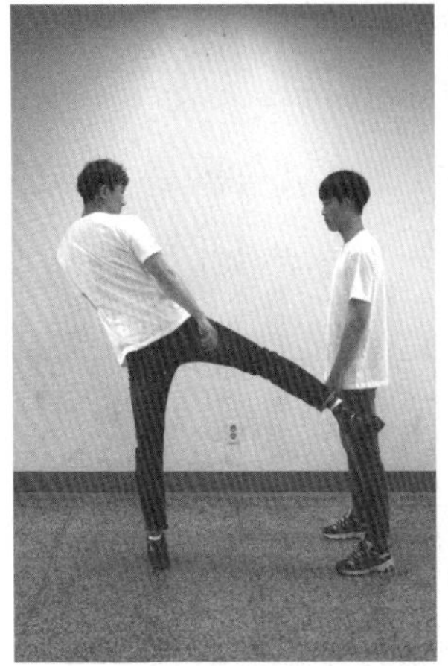

돌려차기 허벅지 타격

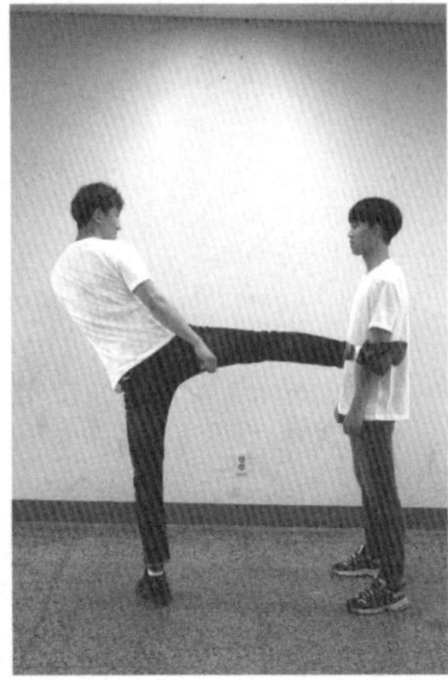
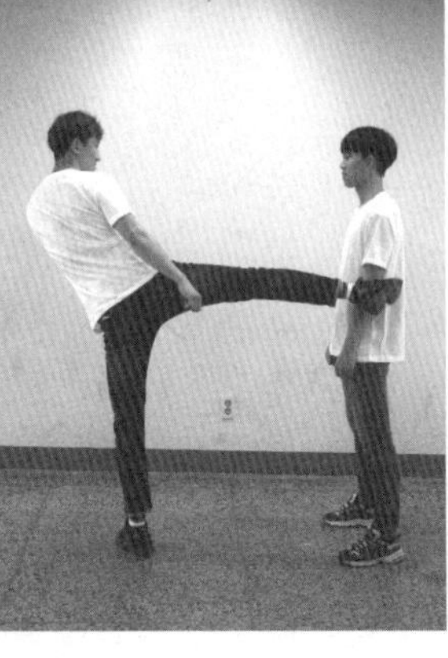

돌려차기 가슴 타격

앞차기 얼굴 타격

(3) 무릎차기

범인과 실전 상황에서 주먹, 발차기 타격 공간이 확보되지 않은 상황에서는 무릎으로 범인에게 강한 타격으로 자극을 줄 수 있다.

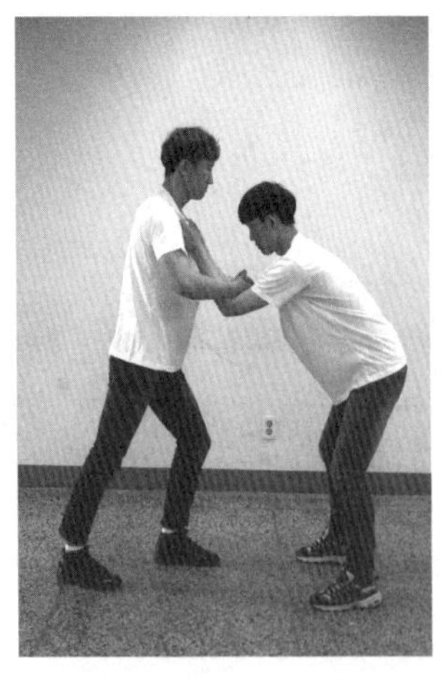

범인에게 잡혔을 경우 팔꿈치를 제압하여
범인의 상체를 앞으로 끌어당기기

끌어당긴 상체를 무릎차기로 타격

4. 범인에게 잡혔을 때 벗어나기

1) 손목을 잡혔을 때 벗어나기

손목을 잡혔을 때

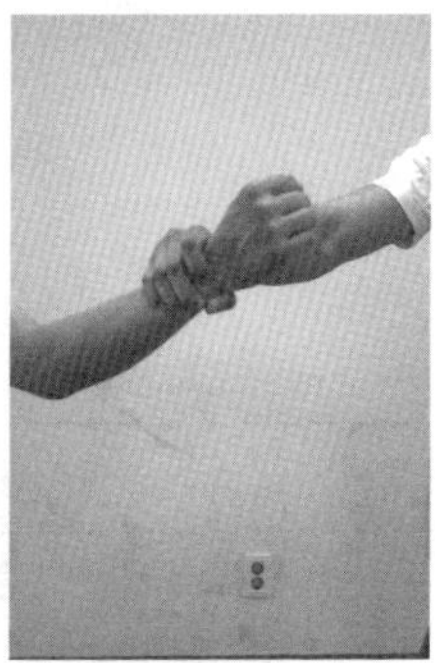
회전을 이용하여
손목이 빠져나갈
공간 확보

회전한 후, 범인의
팔꿈치 방향으로
손목을 이동

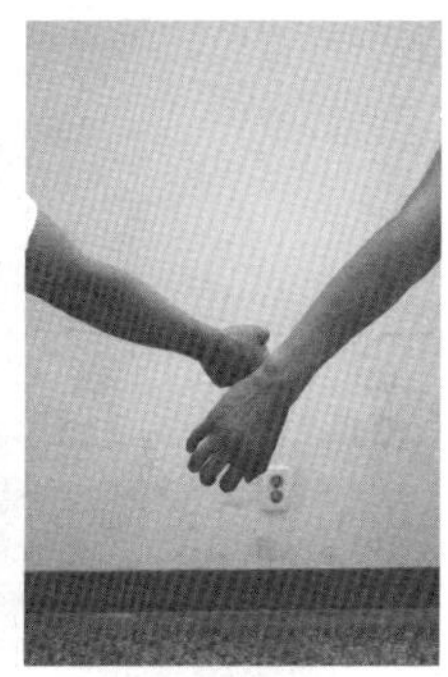
힘을 주어
범인의 손에서
벗어나기

실제 장면

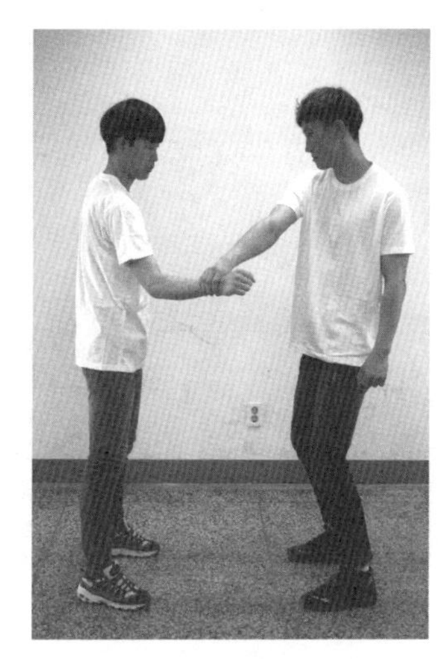
손목을 잡혔을 때

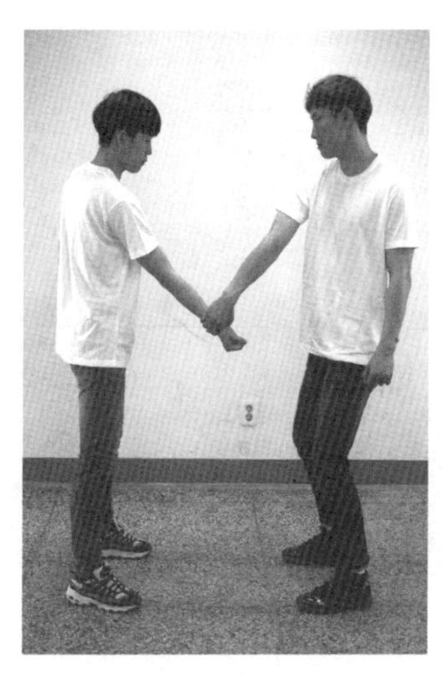
회전 후 벗어나기

2) 가슴을 잡혔을 때 벗어나기

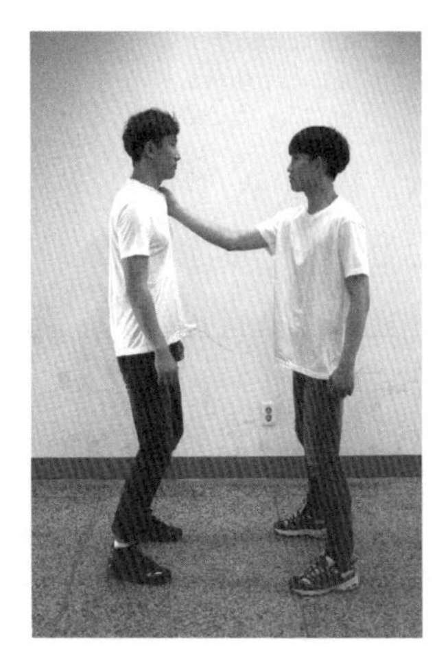

가슴을 잡혔을 때

손목을 꺾어 제압 후 벗어나기

3) 어깨를 잡혔을 때 벗어나기

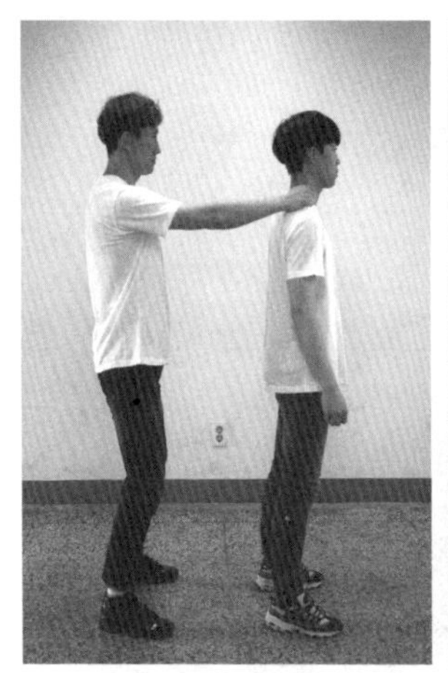

어깨를 잡혔을 때

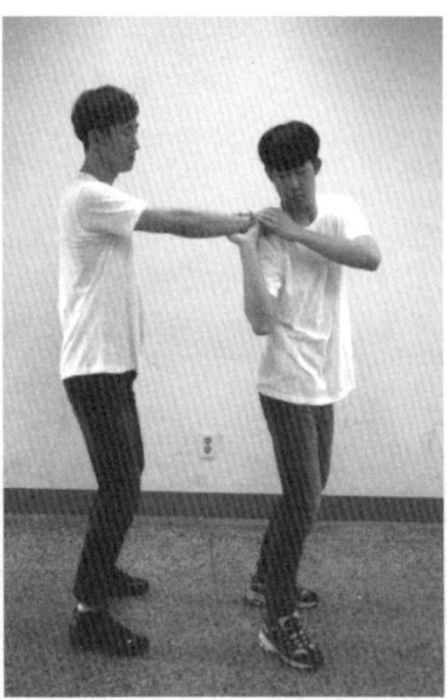

범인의 손목을 잡고

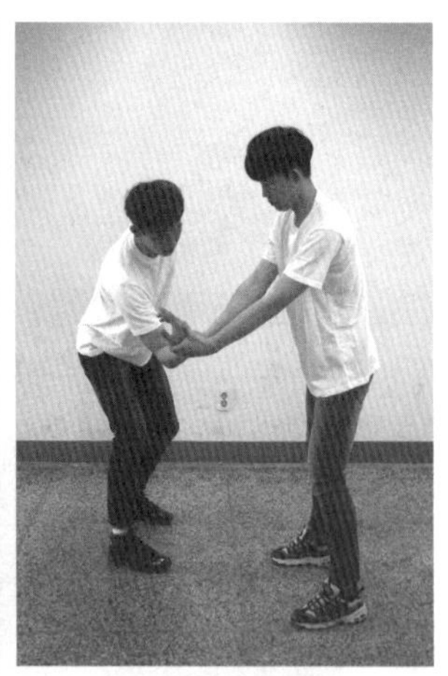

회전하며 범인 손목 꺾기

5. 범인 중심 무너뜨리기

1) 경비원과 범인이 서로 잡고 있을 경우, 상대의 중심을 무너뜨려 상대를 제압하는 기술

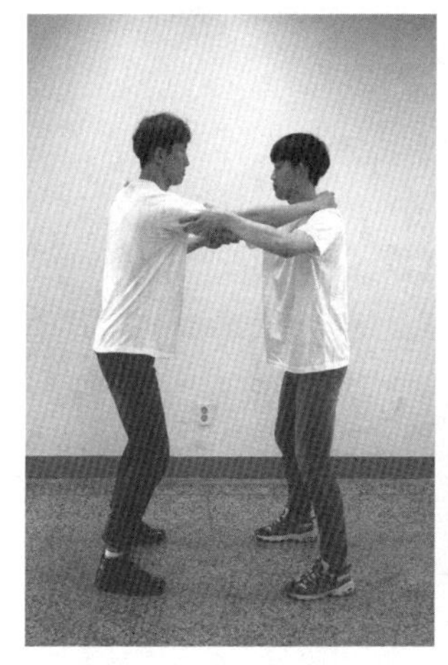
범인과 서로 잡고 있을 때

상대의 중심을 한쪽 발로 이동시키기

중심이 이동된 발을 걸어 중심 무너뜨리기

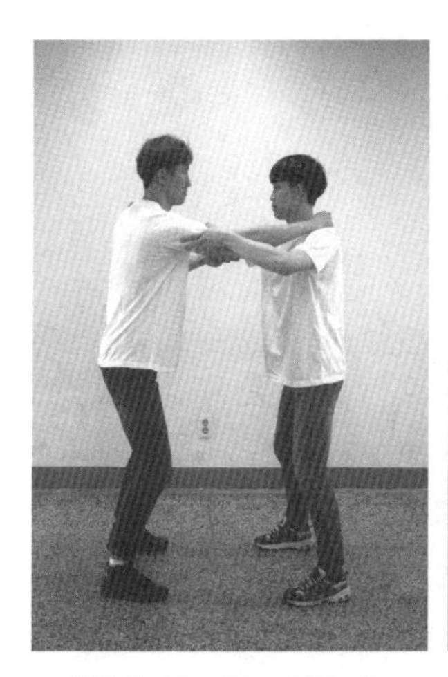
범인과 서로 잡고 있을 때

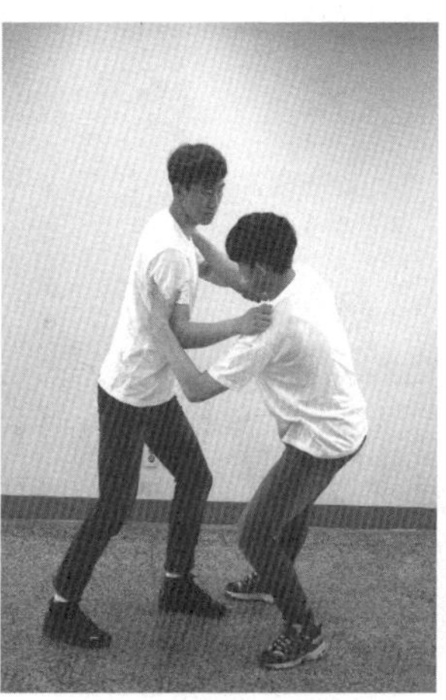
상대의 중심을 한쪽 발로 이동시키기

중심이 이동된 발을 걸어 중심 무너뜨리기

2) 앞에 있는 범인 중심 무너뜨리기

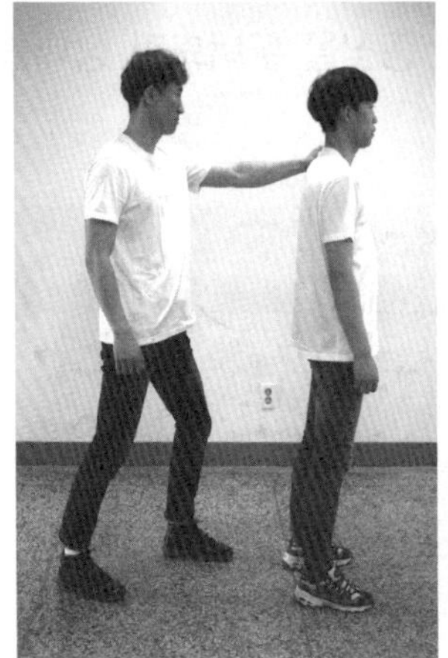

범인의 어깨를 잡고

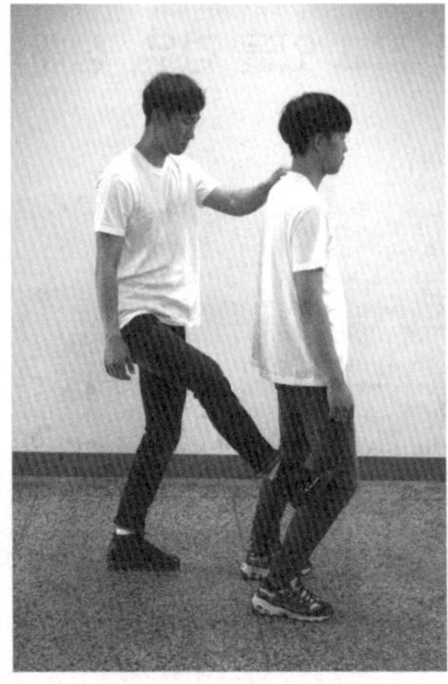

동시에 한쪽 무릎 뒤편 공격

중심을 무너뜨려 제압

6. 수갑을 채우기 위한 팔꿈치 꺾기

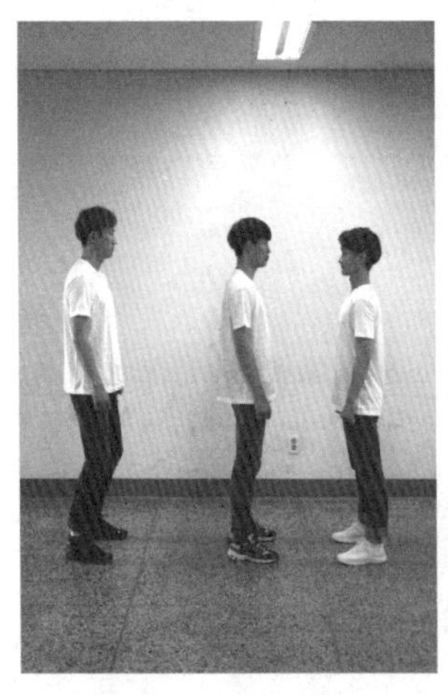

경비원이 뒤에서 접근

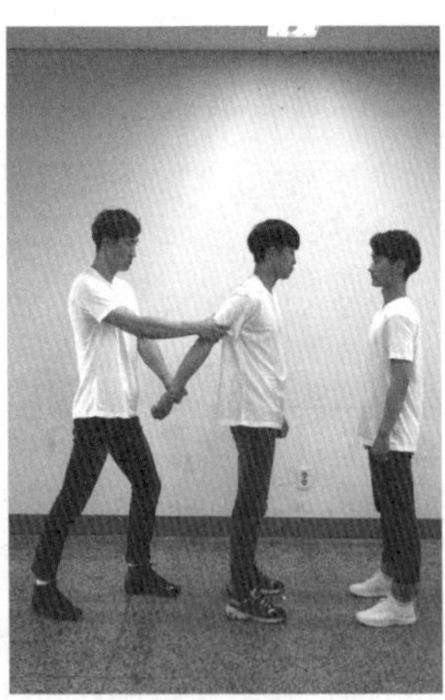

동시에 한쪽 팔을 제압

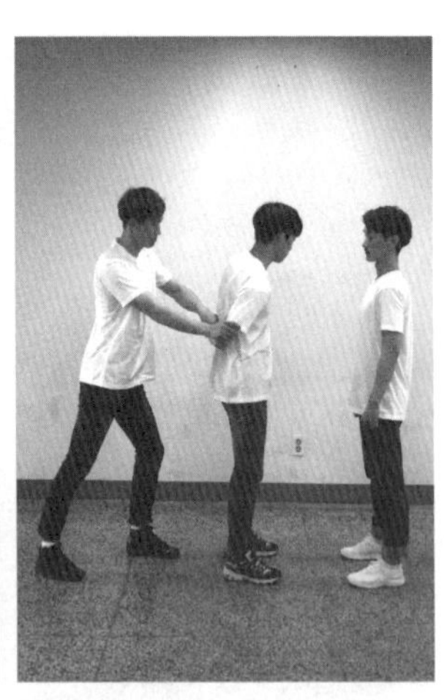

팔꿈치를 꺾어 수갑 채우기

제2장

신변보호실무

THE PRIVATE SECURITY TRAINING MATERIALS

제2장 신변보호실무

제1절 신변보호의 개념

1. 신변보호의 의의

사람의 생명 또는 신체에 대한 각종 위해를 예방하고 보호대상자의 신변을 보호하는 경비업무를 말하며, 경호업무의 호위에 해당한다.

1) 사전적 의미

(1) 경호(警護): 위험한 일이 일어나지 않도록 미리 조심하고 보호한다.
Protect, Guard(보호하다)

(2) 신변보호(身邊保護): 몸과 몸 주위에 위험이나 곤란 따위가 미치지 아니하도록 잘 보살펴 돌본다.

※ 「경비업법」 제2조에서는 경비업무의 일환으로 신변보호업무를 규정하면서 그 개념을 사람의 생명이나 신체에 대한 위해의 발생을 방지하고 그 신변을 보호하는 업무라고 하고 있다. 「경비업법」에서는 경호 또는 호위라는 용어 대신 신변보호라는 용어를 사용한다. 이는 경호 개념 중 호위에 해당하는 용어이며, 경호, 호위, 신변보호 등 다양한 용어가 혼용되어 사용된다.

2) 국가별 신변보호의 개념

(1) 한국

경호는 가족이나 집단, 집권자(최고지도자)에 대한 신변보호의 필요성에 의해 자연적으로 발생되었으며, 현대적인 모습을 갖춘 경호는 1948년 정부 수립 이후 경무대경찰서장이 책임자가 되어 대통령 경호업무를 수행하면서부터이다. 당시 '경호'라는 용어도 처음 사용되기 시작하였다.

- **대통령 경호실**: 경호를 경비와 호위의 개념으로 구분하고 있다. 경비란 "VIP의 생명 또는 재산을 보호하기 위하여 특정한 지역을 경계, 순찰, 방비하는 행위"이며, 호위란 "VIP의 신체에 대하여 직접적으로 가해지는 위해를 근접에서 방지 또는 제거하는 행위"이다.
- **경찰행정상**: 경호경비란 정부요인, 국내외 주요인사 등 경호대상자(피경호자)의 신변에 대하여 직·간접적으로 가해하려는 위해를 방지하고자 위험요소를 사전에 제거하고 VIP의 안전을 도모하는 경찰활동을 말한다.

(2) 미국

- SecretService(US SS, 미국비밀경호대): "경호는 실질적이고 주도면밀한 범행의 성공 기회를 최소화하는 데 있다"라고 정의한다.

※ 1901년부터 대통령 경호가 시작된 미국은 1776년부터 1901년까지 4번의 대통령 암살 시도 중 3번을 성공하였다. 대통령 경호가 시작된 이후 1901년부터 1990년까지 6건의 암살시도 중 1건만 성공하게 된다.

(3) 일본

- SecurityPolice(SP, 요인경호대): 경호란 국가 공공안녕의 질서에 영향을 줄 우려가 있는 자로부터 그 신변의 안전을 확보하기 위한 경찰활동이라 정의한다.

※ VIP의 요구를 바탕으로 경호대상자의 생명·신체 및 재산(시설과 정보)을 보호하기 위하여 사용 가능한 모든 수단과 방법을 동원하여 위해요인을 사전에 방지하고 제거하기 위한 제반 활동을 수행하는 직무이다.

2. 신변보호의 목적

신변보호의 목적은 경호대상자에 가해지려는 위해(암살, 납치, 혼란, 상해)로 부터 범행의 성공 기회를 최소화하고, 지리적 물리적 위협요소를 대비함으로써 경호대상자의 신변을 완벽하게 보호하는 데 있다.

1) 경호대상자의 생명이나 신체보호(직접·간접적 위협요소 제거 및 예방)

경호의 가장 핵심적인 목적은 경호대상자의 생명·신체에 대한 안전을 도모함에 있다. 경호대상자의 안전을 유지하기 위해 유사 시 경호원은 자신의 생명을 희생할 각오가 되어 있어야 한다.

2) 대상자의 명예유지(권위와 이미지)

경호대상자의 생명·신체의 안전뿐만 아니라 불미스러운 사건으로부터 보호함으로써 체면과 품위를 유지시켜 준다.

3) 질서유지와 혼란상태의 방지(개인의 생활 및 경호대상자의 소속 집단)

경호대상자가 사회적으로나 조직적으로 중요한 인물인 경우 해당 사회와 조직에 커다란 혼란을 야기시키므로 성공적인 경호활동은 사회 혼란을 방지할 수 있다.

4) 경호대상자와 일반대중과의 친화도모(대중과의 차단이 아닌 관계유지)

행사 시 경호대상자는 일반 대중과 빈번히 접촉이 이루어짐으로 친절하고 겸손한 태도로 경호임무를 수행해야 하며, 대중과의 친화를 도모할 수 있도록 하여야 한다.

5) 국위선양(치안에 대한 긍정적인 이미지 제고)

국내외 주요요인(要人)에 대한 경호·경비의 완벽한 활동은 그 우수성을 과시하여 국가에 대한 이미지 제고와 국위선양에 중요한 역할을 한다.

3. 신변보호의 이념

1) 합법성

법의 테두리 내에서 경호가 이루어져야 하며, 법치주의 국가에서는 당연히 따라야 할 이념이다. 부득이한 경우를 제외하고는 경호활동은 합법성을 지켜야 한다.

2) 협력성

성공적인 경호활동을 위해서는 관련 조직이나 국민들과 체계적인 협력이 요구된다.

3) 보안성

경호대상자의 정보가 적에게 누설되지 않는 상태에서 경호가 이루어져야 한다.

4) 희생성

경호활동은 위해에 대한 공격적인 행동보다는 방어적인 행위를 기본원칙으로 하며, 경호원은 생명과 신체의 위협으로부터 자유로울 수 없기에 투철한 희생정신이 요구된다.

5) 중립성(정치적 중립성)

경호원 개인의 이념은 경호대상자에 대한 선입견을 갖게 하며, 원활한 경호활동에 방해가 됨으로 중립성을 유지해야 한다.

제2절 신변보호의 요소

1. 신변보호(경호)의 구성요소

신변보호 활동에 영향을 주는 요소로는 경호원, 경호대상자, 경호환경으로 구분할 수 있다.

1) 경호원

경호활동의 주체로서 경호 활동을 주관하는 사람을 말하며, 경호목적을 달성하기 위해 적극적으로 일정한 경호작용에 직·간접적으로 참여하여 주도적으로 실시하는 경호주체인 것이다.

※ 경호원의 자세

경호대상자와 조화를 이루어야 하며, 경호대상자의 신변보호에 있어 위해요소 제거 및 안전 확보와 같은 기본 임무 외에 경호대상자의 이미지를 실추시키거나 곤란한 상황을 처하게 해서는 아니 된다.

- 임무수행을 위해 알게 된 비밀사항은 누설하지 않는다.
- 책임의식을 갖고 희생할 수 있는 자세를 겸비한다.
- 체력과 유연한 사고방식을 유지한다.
- 집중력과 분별력이 있어야 하고 입체적 사고를 겸비한다.
- 차분함을 유지하고 개인감정을 노출하지 않는 냉철함을 지녀야 한다.
- 공격적인 자세를 피하며, 위해로부터 방어적 역할을 한다.

2) 경호대상자

경호활동의 객체로서 경호업무를 제공받는 사람이며, 보호대상자 또는 피경호인이라 칭한다. 경호활동은 경호대상자로부터 요청받는 경우가 대부분이며 그 대상이 다양하다.

※ 직종에 따른 신변보호 업무

- 경제 경호대상자(회장, CEO): 해외방문 시 해당 국가에 대한 풍습과 지리, 언어를 익혀두어 보다 품위 있는 경호로 임무수행을 한다.
- 정치 경호대상자(정당인, 국회의원): 사회·정치적 영향력이 강한 인물로 조직적인 공격이 가능하므로 이에 대한 경호계획을 수립한다.

- 저명 경호대상자(가수, 배우): 열광적 팬들의 기습적 공격이나 스토킹에 따른 계획된 범행이 일어날 수 있으며, 잦은 대중매체 노출로 외적으로 의상과 용모를 상황에 맞게 갖추어야 한다.
- 기타 경호대상자(학생, 주부): 학교 폭력 및 개인사유에 의한 피해가 발생하며, 최근 개인정보 유출로 인한 범죄가 증가하고 있는 추세이다. 계획적 범죄에 대한 대비를 하며 경호임무를 수행해야 한다.

3) 경호환경

경호환경은 경호활동에 직·간접적으로 영향을 미칠 수 있는 주변요소 및 요인을 말하며, 경호형태 등을 결정하는 데 영향을 준다.

(1) **지리적 환경**: 경호활동이 이루어지는 장소를 중심으로 주변의 지리적 상황을 말한다(건물 내·외부, 개활지, 야지).

(2) **사회적 환경**: 사회의 변화과정에서 나타나는 가치관의 악화 그리고 사회질서의 붕괴와 사회집단의 갈등과 같은 문제점들로 범죄를 유발시키게 되며, 우발적(마약, 음주)이거나 이유가 없는 범죄가 일어나기도 한다.

(3) **경제적 환경**: 경제상황에 따른 경제적인 불안정성은 범죄가능성을 증가시키는 요인이 되기도 하며, 경호대상자의 위해 가능성 증가와 연관될 수 있다. 뿐만 아니라 경제성장에 따른 개인 여가생활의 증가, 노동시간의 변화, 차량 증가는 경호형태를 변화시키게 된다.

2. 신변보호의 위협요소

1) 인적 위협요소

(1) 군중

- 호의적인 군중: 우호적인 팬, 정치적 지지자
- 비우호적인 군중: 적대적 단체 및 시위대

(2) 특정인물: 경호대상자와 가까운 접촉을 원하는 인물(스토커 등)

(3) 기자: 파파라치

(4) 납치 및 암살범

(5) 마약중독자 및 정신질환자: 우발적 돌출 행동

2) 물적 위협요소

경호대상자에게 직접적 위해를 가할 수 있는 인공물이나 여건을 제공할 수 있는 자연물을 지칭한다.

※ 총기류 및 폭발물

- 공격이 용이(원격조정 및 시한식)하며 대량살상 및 공포효과가 크다.
- 증거인멸과 도주가 용이하고, 폭발물 제작에 필요한 사항을 일상생활에서 획득하기 쉽다.

3) 자연적 위협요소

지형적으로 취약한 장소로 경호대상자를 공격하기 유리한 지점을 말한다.

(1) 건물 내부행사장: 승하차를 위한 정적인 지점(엘리베이터, 에스컬레이터), 방향이 전환되는 모퉁이이다.

(2) 건물 외부행사장: 천연의 자연적 위협요소인 개활지, 산악, 강, 바다, 하천 등에 위치하거나 그에 인접한 행사장을 말하며 교량, 육교, 터널 등과 같은 도로는 매우 취약한 지형적 요소이다.

※ 신변보호의 위험요소로는 인적·자연적 요소 등이 있으며 특히 공격자는 경호대상자가 감시가 용이한 지점과 경호원의 통제가 미치지 못하는 은폐·엄폐된 지점을 선호한다. 그러므로 경호대상자가 대피가 어려운 지점이나 공격자가 출입이 원활하여 신속한 현장 이탈이 가능한 지점을 주의 경계하여야 한다.

제3절 신변보호 방법 및 종류

1. 신변보호임무 수행절차

1) 정보수집·분석

경호와 관련하여 필요한 정보를 현장 답사 및 관련 기관을 통해 수집하며 정보의 가치와 적격성 여부를 판단한다.

2) 위협평가(Threat Assessment)

경호작전의 규모를 결정하기 위한 것으로 위협이 되는 수준을 객관적인 수치로 계량화하여 경호원들이 위협의 정도를 쉽게 인지하도록 한다.

(1) 경호대상자는 어떤 인물인가?
(2) 어린이라면 유괴 가능성은 있는가?
(3) 경호대상자가 방문하는 지역은 위험한가?
(4) 과거 위협에 처한 적이 있는가?
(5) 누구에 의하여 또는 왜, 언제, 위협을 당했는가?
(6) 경찰은 이러한 사실을 알고 있는가?

3) 경호계획의 수립

경호과정에서 전반적인 사항을 준비하고 검토하는 과정으로 경호책임 및 활동에 대해 지휘하기 위한 실시계획을 수립한다.

4) 검측활동

경호대상자에게 위해를 가할 가능성이 있는 인적·물적 요소를 사전에 탐지하고 색출하여 제거하는 활동을 말한다.

5) 근접경호

행사시 경호대상자에 대하여 직접적으로 가해지는 위해를 방지하고 제거하기 위해 행사장 내·외부 그리고 이동시에 이루어지는 경호 활동을 말한다.

6) 경호평가

경호활동의 전반적인 수행 결과를 확인하고 문제점을 검토하여 향후 실시되는 경호활동에 반영하고자 행사 후 평가를 말한다.

2. 신변보호의 원칙

(1) **중첩경호(3중 경호)의 원칙:** 근접(안전구역－내부), 중간(경비구역－내곽), 외곽경호(경계구역－외곽)로 이루어져야 한다.

(2) **두뇌경호의 원칙:** 냉정한 판단력과 희생정신으로 경호해야 한다.

(3) **방어경호의 원칙:** 공격자의 제압보다 경호대상자의 방어와 대피를 우선으로 해야 한다.

(4) **은밀경호의 원칙:** 보안유지 및 경호대상자 행동반경 내에 위치해야 한다.

(5) **자기담당구역 책임의 원칙:** 어떠한 사태에 대해서도 담당 구역을 책임지고 해결해야 한다.

(6) **목표물 보전의 원칙:** 위협 요소로부터 경호대상자를 가능한 한 멀리 떼어 놓아야 한다.

(7) **하나의 접근통로의 원칙:** 경호대상자와 접근할 수 있는 통로는 경호 통제가 가능한 하나의 통제된 출입문으로 출입이 가능하며, 경호원의 확인 절차가 이루어져야 한다.

(8) **자기희생의 원칙:** 경호원은 경호대상자가 위기에 처했을 때 육탄방어의 정신으로 경호대상자를 보호해야 한다.

※ 근접(수행)경호의 특성

- 노출성: 경호활동은 고도의 보안을 요하지만 경호대상자의 근접경호를 하고 있기에 대중이나 매스컴에 노출된 상태에서 임무수행을 한다.
- 방벽성: 경호대상자의 이미지를 고려하여 지나친 접근 차단이나 은닉은 제한적이기에 근무자의 체위에 의한 인적 자연방벽효과를 갖는다.
- 기만성: 차량대형이나 기동시간, 기동로 및 수단 등을 이용하여 공격자에게 허위상황을 제공하여 상황을 오판하도록 함으로써 행사의 효율성을 높이는 특성이 있다.
- 기동성 및 유동성: 근접경호는 주로 행사장 참가와 차량 기동 중 이루어지며 주변여건과 장비에 따라 경호 자체가 유동적이며 기동성을 띠는 특성이 있다.
- 방호 및 대피성: 근접경호 수행 중 돌발사태가 발생했을 때 범인을 대적하여 제압하기보다는 경호대상자의 방호 및 대피가 우선시되어야 한다.

3. 신변보호의 종류

1) 경호 대상에 따른 경호의 종류

(1) 공경호: 국가기관에서 정부요인이나 국가적 차원에서 보호해야 할 필요성이 있는 인물에 대한 경호를 말한다(대통령 및 가족, 외국 국가원수 등).

(2) 사경호: 주로 경호업체(민간회사)에서 계약 체결에 의해 이루어지는 경호를 말한다(대기업 총수, 유명 연예인, 주요 정치인 등).

2) 경호의 수준에 따른 경호의 종류(공경호 기준)

(1) 1급(A급) 경호: 공개적인 행사로 행사보안이 사전에 노출되어 경호의 위해가 증대된 상황하에 이루어지는 각종 행사를 말한다(국왕 및 대통령 등 국가원수급의 1등급 경호대상자로 결정된 행사).

(2) 2급(B급) 경호: 미리 준비된 행사가 아닌 갑자기 결정된 상황의 각종 행사

를 말한다(경호대상자가 국무총리급의 국빈행사).

(3) 3급(C급) 경호: 사전에 행사준비 등 경호조치가 거의 없는 상황하에서 이루어지는 행사를 말한다(경호대상자가 장관급의 국빈행사).

3) 성격에 따른 경호의 종류

(1) 공식경호: 경호원 및 관계자들이 사전 통보에 따라 인지가 된 상황에서 계획적으로 이루지는 준비된 공식행사를 말한다(국경일, 대통령 취임식, 정상회담 등 – 공개 의전절차).

(2) 비공식경호: 행사가 사전에 통보되지 않는 상태에서 경호가 이루어지며 비공식행사 때 하는 경호를 말한다(갑작스러운 수해지역 방문이나 고아원 방문 등 – 비공개된 의전 절차).

(3) 약식경호: 일정한 형식에 의하지 않고 하는 경호를 말한다(일상적인 출퇴근, 불시에 이루어지는 외출행사 – 최소한의 근접경호).

4) 직접성과 간접성에 따른 경호의 종류

(1) 직접경호: 근접경호 또는 행사장 현장요원 및 현장에서 활동하는 모든 경호가 해당되며, 실질적인 활동에 배치되어 이루어지는 경호를 말한다.

(2) 간접경호: 사전준비(정보수집, 계획수립) 및 활동에 관련된 각종 지원 활동을 말하며, 현장 활동정보수집과 행사 및 활동 후 분석 등 사후 안전대책 수립을 위한 경호활동도 해당된다.

5) 경호원의 노출여부에 따른 경호의 종류

(1) 노출경호: 경호원들이 경호대상자를 경호한다는 사실을 알리거나 보이게 하는 경호를 말한다.

- 경호의 위엄을 과시함으로써 범행을 차단하는 효과가 있으며, 효율적인 경호를 할 수 있지만, 신분이 노출된다는 단점이 있다. 출·입관리 및 질

서유지에 효과적이다.

(2) 위장경호: 경호사실과 경호원임을 알지 못하게 하는 경호를 말한다(때와 장소, 행사의 성격 등을 고려해서 비밀리에 하는 경호).

(3) 혼합경호: 행사 성격 및 규모 또는 상황에 따라 위엄을 과시하거나 비밀리에 이루어지는 경호를 말한다.

6) 이동 수단에 따른 경호의 종류

(1) 보행

산책이나 야외 도보 시 동행하는 경호요원은 자신의 위치를 먼저 선정하고 통로를 봉쇄하는 역할을 하며, 예비경호요원은 가까운 곳에 차량을 대기시킨다. 그리고 이동 간 대형은 다음과 같다.

- 다이아몬드 대형: 통상 4명으로 편성되며 혼잡한 복도나 군중이 밀집해 있는 통로일 경우에 적합한 대형으로 경호원들이 경호대상자의 전후좌우를 둘러싸고 전 방향이 경계되도록 책임구역이 부여된 상황에서 이동한다.
- 쐐기형(웨즈대형): 3명으로 쐐기대형을 형성하여 그중 1명은 대상자의 전방에 위치, 안내와 전방을 감시하고 2명은 경호대상자의 후방 좌·우측에 위치하여 좌·우측 및 후방의 경계를 수행하는 대형이다.
- 삼각형 대형: 3명의 경호원이 삼각형 형태를 유지하며 이동하는 도보대형으로, 행사와 주위 사람의 성격, 숫자, 주변 환경의 여건에 따라서 길이와 폭을 조정하면서 이동한다.
- 역삼각형 대형: 진행방향 전방에 위해 가능성이 있는 경우에 경호대상자를 도로와 경호원 중앙부에 위치하도록 하는 대형으로 진행방향의 전방에 오솔길, 통로 등과 같은 지리적 취약점이 있을 때 유용하다.
- 사다리형 대형(박스형, 사각대형): 경호대상자를 중심으로 4명의 경호원이 사다리형태를 유지하며, 이동하는 것으로 진행방향을 중심으로 양쪽에 군중이 운집해 있는 도로의 중앙을 이동할 때 적합한 대형이다.

(2) 차량(중거리 이동)

① **동승경호**: 차량 안에서의 경호와 행선지에서의 보호임무를 수행하며 위험 시 안전지역으로 대피한다.

② **전후방 호위**: 차량의 선두와 후방에서 탑승 차량을 보호하며, 터널 및 교량에서의 위험에 대비할 수 있도록 한다. 또한 승·하차 시 경호 임무를 수행한다.

참고문헌

1) 이윤근 외 1인. 2019.「민간경비론」. 엑스퍼트.
2) 박명규. 2020.「경호학」. ㈜에듀윌.
3) 이병헌. 1994.「일본 경호제도에 관한 연구」.
4) 이호찬. 2006.「한국 민간경호업무 수행절차와 방법에 관한 연구」. 용인대학교.
5) 김두현. 2017.「경호학」. 엑스퍼트.

제3장

범죄예방론

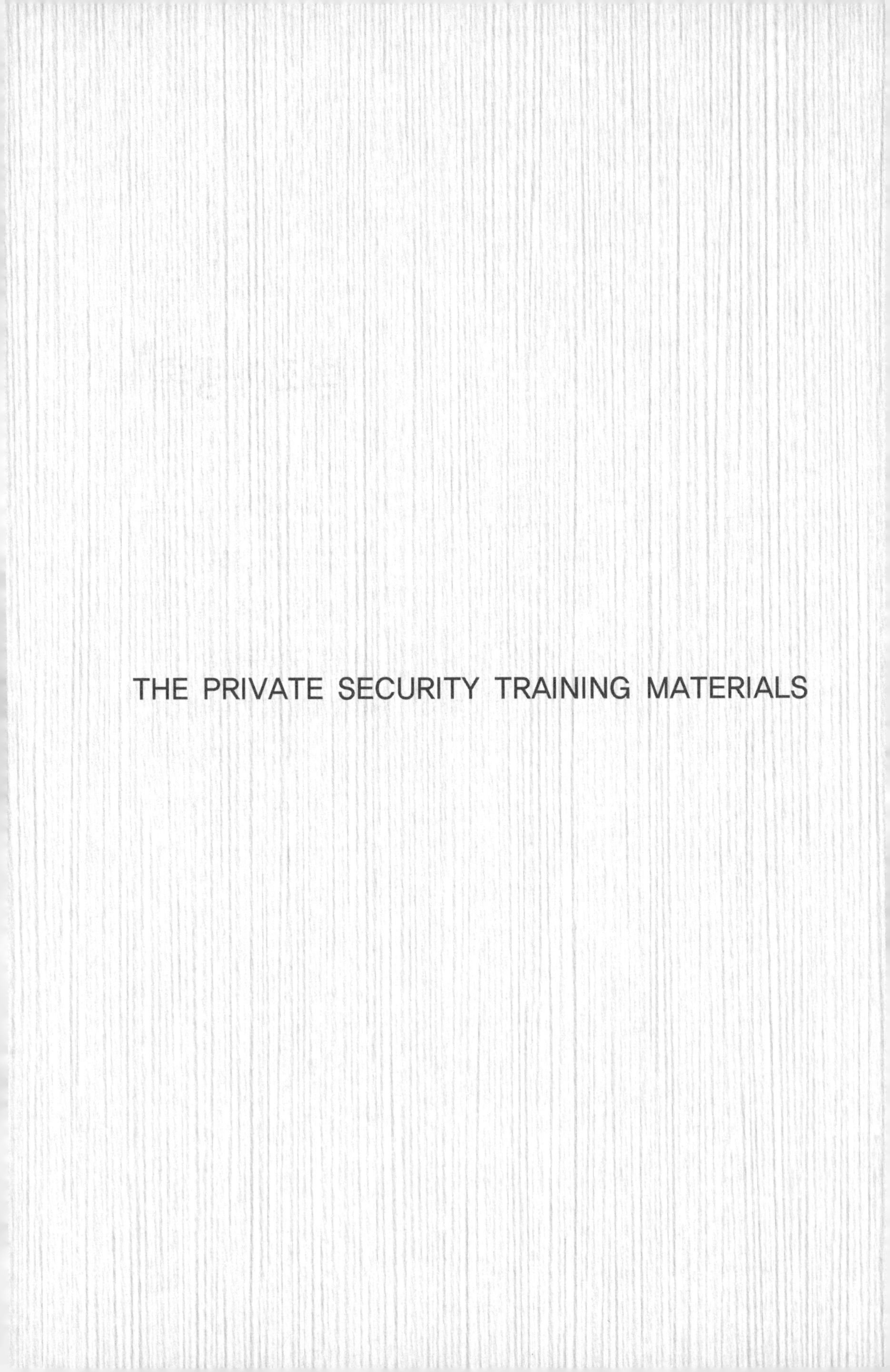

THE PRIVATE SECURITY TRAINING MATERIALS

제3장 범죄예방론

제1절 범죄현상론

1. 범죄의 상대성

- 범죄의 본질에 대해 모르는 사람은 없을 것이나, 모두가 합의할 수 있는 범죄의 개념을 한마디로 정의하기는 힘들다.
- 즉, 범죄의 개념은 절대적인 것이 아니며 상대적인 개념으로 파악되어야 한다.
- 남자가 머리를 기르거나 여자가 짧은 길이의 스커트를 입는 것이 법으로 금지되었던 시대가 있었으나 오늘날은 규제의 대상이 아니다.
- 또한 대부분의 도시에서는 대마초를 피우는 것이 법으로 금지되어 있으나, 국가와 지역에 따라 대마초가 합법인 지역이 증가하고 있다(예: 네덜란드의 암스테르담).

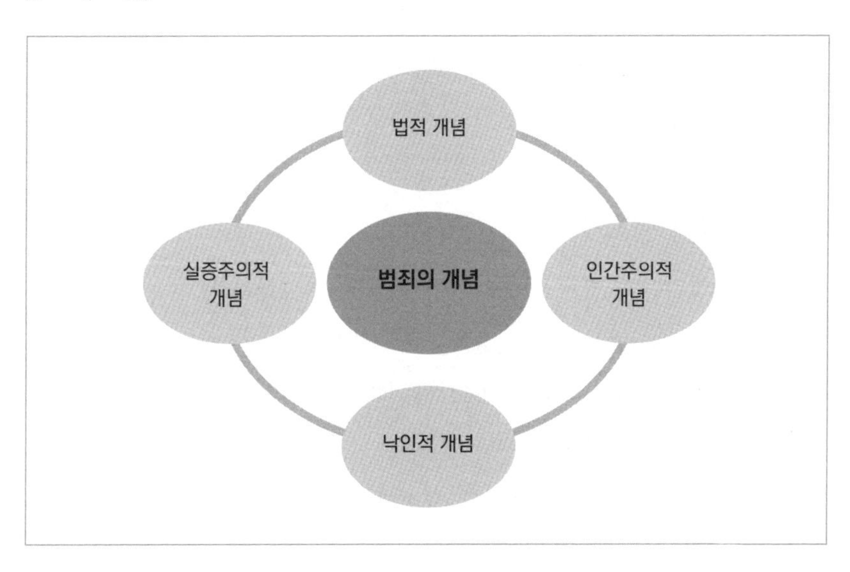

1) 법적 범죄 개념

(1) 형법에서 범죄로 규정하고 국가가 형벌을 부과하도록 한 행위를 말한다.

(2) 책임, 구성요건 해당성, 위법성의 3가지 요소를 갖추면 범죄로 규정한다.

(3) 평등하고 안정적인 법집행을 가능하게 한다.

(4) 사회적으로 질서유지 등 중요한 기능을 수행한다.

(5) 일상적 용어와 불일치하여 정보의 전달에 장애가 생길 가능성이 있다.

2) 실증주의적 범죄 개념

(1) 사회현상에도 자연세계와 같은 보편적인 법칙성이 있다.

(2) 어느 사회와 어느 시대에도 변하지 않는 범죄를 말한다.

(3) 인류학적 연구결과 행위규범은 상당히 다양하다.

(4) 보편적이면서 중요한 행위규범을 정의하기 어렵다.

3) 인간주의적 범죄 개념

(1) 모든 사람은 행복을 위한 기본적인 전제조건을 보장받아야 한다.

(2) 기본적인 조건 뿐만아니라 억압과 약탈로부터의 안전도 보장받아야 한다.

(3) 형법이 보장해야 하는 권리는 행복이다.

(4) 이러한 권리를 방해하는 조건들이 범죄로 간주되어야 한다고 주장한다.

(5) 인권보장의 입장에서 범죄를 논의하고자 한다.

4) 낙인이론적 범죄 개념

(1) 일탈행위란 일탈이라는 낙인이 부착된 결과물이다.

(2) 일탈자는 사람들이 낙인을 부착한 사람이다.

(3) 사회의 구성원이 일탈이라고 낙인찍어야 일탈행위로 규정된다.

(4) 범죄행위를 수동적으로 받아들인다.

(5) 사회적 반응에 대해 범죄를 규정하고자 한다.

2. 범죄학 연구방법

- 범죄를 연구하는 방법은 다양하게 존재하고 있다.
- 범죄를 연구하는 방법을 선정하는 기준은 범죄의 특성과 연구의 실현가능성이다.
- 자연과학 분야와 사회과학 분야의 연구방법에는 현실적인 차이가 존재한다.

1) 실험연구

(1) 일정한 조건을 인위적으로 설정하여 조건에 따른 변화를 관찰하는 방법을 말한다.

(2) 실험연구는 세 가지 조건이 충족되어야 한다.

(3) 통제집단과 실험집단, 집단의 등가성 확보, 사전과 사후의 조사를 한다.

(4) 계량화된 결과를 얻어낼 수 있으나, 조건의 계량화가 필요하다.

(5) 자연과학 분야에서 선호되고 있으며, 사회과학 분야에서는 실험여건의 확보가 쉽지 않다.

2) 조사연구(통계적 연구)

(1) 연구를 위해 양적자료를 수집하여 인과관계를 규명하는 방법을 말한다.

(2) 설문지, 면접, 공식집계 자료 등을 활용한다.

(3) 형사사법기관에 대한 시민들의 인식, 범죄에 대한 두려움의 정도에 대해 연구한다.

(4) 수집된 자료와 실제 현상이 동일하지 않다는 문제가 발생한다.

3) 참여관찰법

(1) 인류학자들의 연구방법으로 주로 사용되었다.

(2) 범죄학에서는 마약중독, 조직범죄와 같은 범죄의 연구에 드물게 사용된다.

(3) 연구자가 직접 연구하고자 하는 집단의 활동에 참여하여 관찰하는 방법을 말한다.

(4) 시간이 많이 소요되고, 객관성을 유지할 수 없다는 단점이 있다.

3. 범죄학 연구 목적

1) 범죄문제의 증가

(1) 경제성장에 따른 소비욕구의 기형적인 분출이 일어난다(향락문화·과소비 사치풍조 만연). 범죄 양상도 충동적이고 흉폭화되어 가는 경향이 있다.

(2) 파급효과가 큰 반사회적·반인륜적인 범죄가 증가 → 윤리와 도덕이 실종된다.

(3) 교통과 통신의 발달 → 범죄의 광역화·초스피드화를 촉진한다.

(4) 첨단기술을 활용하는 지능적인 범죄의 증가, 컴퓨터 등을 활용하는 각종 신종범죄가 속속 등장한다(보이스피싱 등).

(5) 조직범죄 및 반인륜적 범죄가 사회분위기에 편승하여 국민의 불안감을 확산한다.

2) 민간경비의 성장

(1) 우리 사회에서 치안활동은 공공부문(경찰)과 민간부문(민간경비)에서 담당한다.

- 최근 민간경비의 활동영역이 더욱 전문화되고, 다원화되고 있다.
- 민간경비의 활동은 비단 범죄에만 국한되지 않는다. 화재, 질병 그리고 각종 재해로부터 보호 등 수많은 영역이 포함되고, 그 범위는 더욱 확대되고 있는 추세이다.
  → 민간경비 현상을 범죄문제에 국한시키기보다는 손실문제를 아울러 고려하여 설명하는 것이 바람직하다.

(2) 주요 개념

- 범죄: 현행법에 규정된 형벌법규의 위반 행위에 의해 야기된 인적·물적 위해사태를 말한다.
- 범죄예방(crime prevention): 범죄를 방지하기 위한 모든 사전활동을

말한다.

- 손실: 범죄행위에 의한 어떠한 재산적 피해뿐만 아니라 재산적 가치가 있는 대상이 화재와 지진, 태풍 등 인위적·자연적 재해, 사고 등에 의해 야기된 위해사태도 포함한다.
- 손실예방(loss prevention): 개인 또는 조직이 저지르는 범죄뿐만 아니라 화재, 사고, 실수, 부적절한 감독 및 관리, 잘못된 투자 등에 의해 발생하는 사람, 금전, 생산품, 재료 등과 같은 손실의 발생 가능성을 사전에 예방 통제하는 방법을 말한다.

→ 양자 모두 '예방'이란 범죄든 손실이든 간에 이러한 사태가 '사전에 발생하지 않도록 미연에 방지하는 제반활동'이라는 점에서는 동일하다.

제2절 최신범죄학 이슈

1. 제노비스 신드롬

1964년 3월 13일 금요일 새벽 미국 뉴욕 퀸스 지역 주택가(아파트 단지)에서 키티 제노비스(Kitty Genovese)라는 여성이 강도의 칼에 찔려 살해되었다. 제노비스는 3시 15분에서 50분까지 약 35분 동안이나 3번에 걸쳐 칼에 찔려 비명을 지르면서 이리저리 피해다니며 몸부림쳤지만 결국 죽음을 피하지 못했다. 범인은 윈스턴 모즐리(Winston Moseley)였다. 그는 그간 30~40건의 절도와 더불어 다른 두 여성을 살인·강간한 것으로 밝혀졌다.

처음엔 평범한 살인 사건으로 취급되었다가 2주 후인 3월 27일 『뉴욕타임스』가 이 사건을 크게 다루면서 미국 전역이 발칵 뒤집혔다. 기사 제목은 매우 자극적이었다. "살인을 목격한 38명은 경찰에 신고하지 않았다(Thirty－ Eight Who Saw Murder Didn't Call the Police)".[1]

1) 방관자 효과, 네이버지식백과, https://terms.naver.com/entry.naver?docId=2176169&cid=51065&categoryId=51065 참조.

2. 중국판 제노비스 신드롬

2011년 10월 중국, 한 승합차가 골목에서 헤매던 5살 여아를 치었다. 아이가 바퀴에 깔렸음에도 행인들은 무관심하였고 운전자도 그대로 지나갔다. 다른 트럭 역시 무관심하였고, 오히려 아이를 밟고 지나갔다.
아이 주변을 지나가던 사람은 모두 18명이었음에도 불구하고, 하나같이 차에 치인 아이에게 무관심했다.

3. 방관자 효과(BYSTANDER EFFECT)

1) 누군가 하겠지
   - 책임분산효과(Diffusion of Responsibility)
2) 날 이상하게 생각하면 어떡하지
   - 사회적 평가 우려(Concern for social evaluation)
3) 내가 생각한 그런 일은 아니겠지
   - 집단적 착각(Pluralistic Ignorance)
   - 현대사회 범죄가 흉포화, 잔인화됨에 따라 시민들의 범죄에 대한 두려움이 높아져 사회적으로 문제시되고 있다.
   - 범죄에 대한 두려움을 높이는 요인 중 하나는 주변사람들의 무관심이다.
   - 방관자 효과가 가장 두드러지게 나타나는 범죄는 '학교폭력'이다.
   - 범죄의 목격이나 범죄의 신고로 인한 불이익에 대한 우려를 해소해주거나, 범죄사건의 목격자로서 개입에 대한 보상을 제시하는 정책이 필요하다.

제3절 범죄예방모형

• 범죄예방 단계적 접근법

구분	1차적 범죄예방	2차적 범죄예방	3차적 범죄예방
대상	일반시민	우범자	범죄자
내용	일반적 사회환경 중에서 범죄원인이 되는 조건들을 발견 · 개선하는 예방활동	잠재적 범죄자를 초기에 발견하고 이들의 범죄행위를 저지하기 위한 예방활동	실제 범죄자(전과자)를 대상으로 더 이상 범죄가 발생하지 않도록 하는 예방활동

1. 1차적 범죄예방

1) 일반시민들을 '잠재적 범죄자'로 인식하는 성악설의 관점에 기반한다.
2) 거시적으로 경제적, 사회적 문제에 대한 대응책을 논의한다.
   → 1차적 범죄예방의 핵심: '잠재적 범죄자'가 쉽게 범죄를 저지르지 못하도록 하는 것이다. 잠재적 범죄자가 범죄를 저질렀을 경우 인지 및 체포가 쉽게 이루어질 수 있는 환경을 조성하는 데 있다.
   • 사례) 문단속 잘하기, 차량 문 잠그기 등

2. 2차적 범죄예방

1) 범죄 가능성이 높은 잠재적 범죄자 및 범죄발생율이 높은 지역이다.
2) 특정 개인이나 특정 지역에 초점을 두고 있다.
3) 범죄를 저지르고자 하는 의지 또는 욕망을 제거 또는 감소시키는 데 초점을 맞춘다.
4) 1차적 범죄예방은 범죄자들이 범죄를 저지르고자 하는 기회 자체를 제거하지만, 2차적 범죄예방은 잠재적 범죄자의 범행의지 또는 욕망제거에 초점을 맞춘다.
   • 사례) 스포츠행사(축구, 야구 등)를 통해 청소년들의 여가활동 장려, 교정기관

체험학습 프로그램을 통해 청소년들이 범죄자가 되는 것을 예방하는 효과

5) 지역사회 내의 다양한 구성원(경찰, 교육자, 부모, 복지전문가)들과 연계한다.

3. 3차적 범죄예방

1) 공식적인 범죄경력이 있는 사람 등이 대상이다.
2) 형사사법기관은 이들이 추가적인 범죄를 저지르지 못하도록 조치한다.
3) 범죄자에게 무기형 등의 장기적 징역을 부과한다(구금효과, 무능력효과). 다양한 처우 및 교화개선 프로그램이 있다.
4) 3차적 범죄예방의 대부분은 교정, 보호관찰 등에 의해서 이루어진다.

제4절 깨진유리창 이론

1. 깨진유리창 실험

Stanford 대학의 짐바르도(Zimbardo) 교수의 실험(1969년)으로 Philip – Palo Alto와 Bronx의 두 지역에서 실험하였다. 인간의 행동은 지역사회 내의 질서와 무질서의 상징들에 영향을 받는다고 주장한다. 두 대의 자동차를 길가에 세워두고 일주일간의 변화를 관찰하였다. 한 대는 유리창을 깨어놓고 한 대는 그대로 두었을 때 유리창이 깨진 자동차만 집중적으로 파괴행위의 대상이 되었다.

2. 깨진유리창 이론

"사소한 문제를 간과할 경우 더 큰 문제로 번질 수 있다". 두 대의 자동차 중 한 대의 깨진 유리창이 바로 사소한 문제이다. 깨진 유리창처럼 사소한 것들이 사람들에게 중요한 메시지를 전달한다고 강조한다. 건물 주인이 깨진 유리창에 관심을 기울이지 않고 방치하고 있다면, 그는 절도나 문서훼손, 폭력 등과 같은 강력범죄에 대한 대비 역시 미비할 것이다. 사람들은 깨진 유리창을 보며 건물 주인과 주민들이

이 건물을 포기했으며, 이곳은 무법천지라고 인식할 것이다. "아무도 관심을 갖지 않는다. 당신 마음대로 해도 좋다!"

3. 실무 적용

1980년대 뉴욕지하철은 여행객들 사이에서 "뉴욕의 지하철은 절대 타지 마라."라는 말이 있을 정도로 강력범죄가 빈번하게 일어나는 위험한 곳으로 인식되었다. 뉴욕시는 지하철 범죄예방을 위해 약 80억 불(약 8조 원)이라는 거금을 투입했으나 여전히 문제가 해결되지 않아 승객이 지속적으로 감소하였다. 당시 뉴욕경찰국장과 교통국장은 깨진유리창이론에 따라 지하철 강력 범죄를 줄이는 정책으로 지하철 내의 사소한 무질서를 제거하는 정책을 실시하였다. 그들이 실시한 정책은 지하철 안팎의 '낙서 지우기' 였다. 뉴욕교통국 직원까지 투입되어 6000여 대의 지하철의 낙서 지우기 작업이 밤낮없이 5년간 지속되었다. 낙서 지우기 정책을 실시하기 전, 뉴욕지하철 범죄를 줄이기 위해 지하철에 투입되는 경찰력을 두 배로 증가시켜 단속활동을 하였지만 실패하였고, 지하철 곳곳에 CCTV를 설치하는 많은 예산을 들인 정책도 그 시대 CCTV의 화질과 도난 문제로 실패하였다. 이번에는 강력범죄를 줄이는 정책으로 낙서를 지우는 활동을 하기 위해 대규모 인력을 투입한다는 정책을 접한 시민들의 비난의 목소리가 높아졌다. 시민들은 이해할 수 없다며 경찰이 뉴욕의 지하철을 포기하는 것이라고 생각했다. 그렇다면 '낙서 지우기 정책'은 과연 효과가 있었을까?

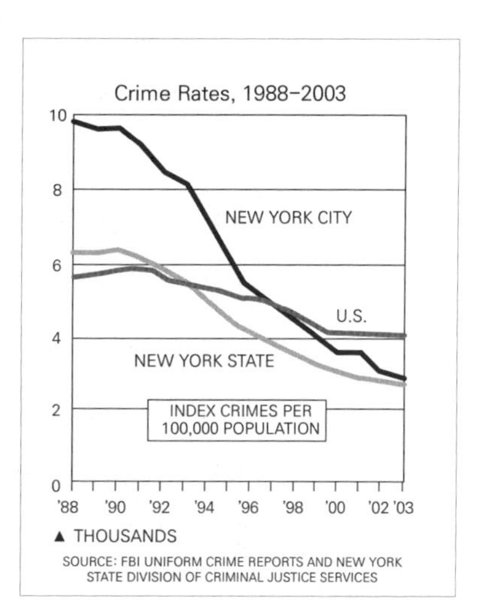

4. 정책의 성공

낙서는 지워도 계속해서 생겨났지만 이 정책은 5년간 지속되었고, 믿기 어려운 결과를 보여주었다. 계속해서 증가하던 뉴욕지하철의 강력범죄가 완만하게 감소하기 시작하였고, 6년째인 1994년에는 절반 정도 감소하였다. 결과적으로 지하철 중범죄사건이 75%나 급감하는 결과를 보여주며, 뉴욕지하철은 결국 치안을 회복했다. 현재 뉴욕지하철은 여행객에게도 안전하고 많은 시민들이 이용하고 있다.

5. 깨진유리창 이론의 시사점

1) 무관용 경찰활동으로 연결한다.
2) 경범죄와 도로교통법상 단속의 이론적 근거를 제시한다.
3) 범죄학 이외의 경영학, 소비자학 분야에서 기업의 이미지 제고와 고객서비스 활동에 적용하여 활발하게 활용한다.

제5절 환경설계를 통한 범죄예방

1. 환경이 인간심리 및 행동에 미치는 영향

1) 환경이 인간심리 및 행동에 일정한 영향을 미치고 있음을 인식하는 것이 필요하다.
2) 단순히 건물의 구조와 같은 환경뿐만 아니라 빛 색 소리, 열 등도 밀접한 관련성이 있다.
3) 환경을 보다 적절하게 설계함으로써 인간행동을 바람직한 방향으로 이끌 수 있다.
4) 식당이나 은행 출입문의 작은 종
   - 좋은 소리를 내어 고객들의 마음을 편안하게 해주는 목적이다.
   - 사람이 출입하는 상황을 쉽게 파악할 수 있다.
   - 범죄예방 차원에서 소리는 잠재적 범죄자들에 대해서 일종의 '물리적 장벽' 역할을 한다. 내부인은 외부의 출입을 감지, 범죄 의도로 내적으로 불안감을 갖고 출입한 사람은 출입문을 여는 순간 울리는 풍경소리에 긴장하게 된다.

2. 방어공간의 영역설정

1) 뉴만(Newman)은 범죄예방디자인을 설명하기 위해 공간을 4단계로 계층화한다.
2) 일상적으로 생활하는 생활공간과 관련된다.
   ① **사적 영역**(private area): 거주자가 임의대로 생활하는 공간인 아파트 내의 자기 집
   ② **준사적 영역**(semi-private area): 아파트 내부의 거주자들이 공통으로 사용하는 복도 및 엘리베이터 등
   ③ **준공적 영역**(semi-public area): 아파트 단지 내의 정원이나 놀이공원, 주차장 등
   ④ **공적 영역**(public area): 아파트 단지 밖의 길거리(street) 등
   → 이러한 영역설정은 다분히 상대적이며, 이를 개인주택이나 산업시설 및 상업시설, 그리고 빌딩 등 여러 공간에 응용하여 설명할 수 있음.

3. CPTED

환경설계를 통한 범죄예방(Crime Prevention Through Environmental Design)인 CPTED는 개인의 본래 활동을 방해하지 않으면서 범죄예방효과를 극대화시키는 데 목표를 두고 있으며, 모든 인간이 잠재적 범죄욕망을 가지고 있다는 전제하에 사전에 범행기회를 차단한다는 것에 기초를 두고 있다. 이를 시행하기 위한 1차적 기본전략으로 자연적 접근통제, 자연적 감시(가시성 확보), 영역성의 강화와 2차적 기본전략으로서 조직적, 기계적 접근방법도 고려되고 있다.

① 자연적인 접근통제(natural access control)
② 자연적인 감시(natural surveillance)
③ 영역성의 강화(territorial reinforcement)

- '자연적(natural)'이란 정상적으로 주어진 환경을 이용하는 과정에서 '자연스럽게' 접근통제와 감시하는 것을 의미한다.
- 어떤 대상을 보호하기 위하여 인위적·외관상으로 뚜렷하게 접근통제와 감시활동을 하기보다는 드러나지 않으면서 주변 일상적인 생활에 거부감을 일으키지 않는 차원에서 이루어지는 것을 말한다.

4. CPTED의 한계

1) 모든 보호대상(사람 또는 시설)이 그 활동에 있어서 범죄예방 및 손실예방이 궁극적 목표는 아니다.
2) 범죄 및 손실예방을 극대화시킬 수 있는 CPTED 전략이 궁극적인 목표가 아니다.
3) CPTED 적용과정에서 가장 문제가 되는 것은 CPTED가 제대로 적용되지 못했을 경우, 보호대상이 가지고 있는 본래의 기능과 목적에 제약을 가한다는 점이다.
4) 보호대상의 특성을 고려하지 않고 무조건 완벽한 범죄예방시스템을 구축하는 것이 항상 현명한 것은 아니다.

제6절 넛지효과

1. 작은 변화로 결과가 바뀌게 하는 원리를 설명할 수 있다.
2. '사람들의 선택을 유도하는 부드러운 개입'이라고 새롭게 정의한다.
3. 범죄예방디자인에 적용하여 범죄를 줄이는 데 적용한다.

제7절 범죄억제론

1. 억제의 의의

1) 범죄의 이익이 처벌의 고통보다 크면 범죄가 발생할 것이고, 처벌의 고통이 범죄 통제의 이익보다 크다면 범죄는 일어나지 않을 것이다.
2) 처벌이 사회적 또는 외적 통제의 수단으로 간주되는 것이라는 가정을 가진 이론이다.
3) 인간은 합리적인 의사결정을 하며 범죄자도 범죄행위를 하기 전 그 행위에 대한 자신의 입장에서 합리성을 따져본다고 주장한다.

2. 억제의 3대 요소

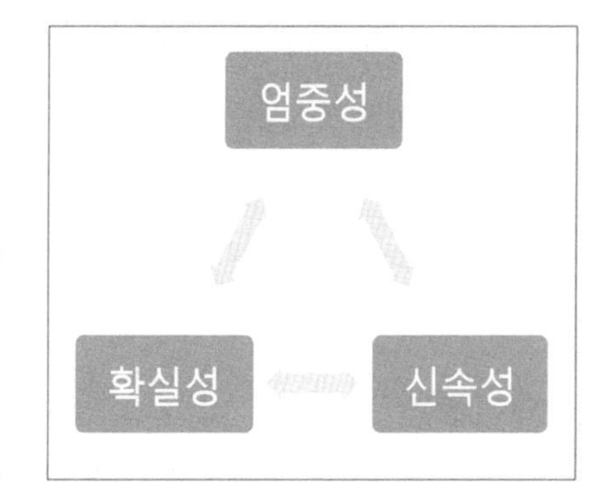

범죄의 억제는 '형벌'을 통해서 이루어지며, 범죄를 억제하기 위한 형벌은 세 가지 요소를 모두 갖추어야 한다.

하나의 요소라도 부족하면 억제효과가 발생하지 않는다.

1) 엄중성

엄중성은 벌금의 양이나 구금의 기간과 같은 처벌의 정도에 관한 것으로 처벌의 정도가 높을수록, 즉 처벌이 엄중할수록 범죄를 저지를 가능성이 낮아진다고 평가한다.

2) 확실성

확실성은 처벌을 받을 확률에 관한 것으로 체포될 확률, 기소될 확률, 유죄판결을 받은 확률이 높을수록 범죄의 가능성이 낮아진다고 평가한다.

3) 신속성

신속성은 범죄행위로부터 처벌을 받을 때까지의 시간에 관한 것으로 범죄행위 이후 처벌을 받기까지의 시간이 길어질 경우 처벌에 대한 두려움이 낮아지므로 범죄의 가능성이 높아진다고 평가한다.

(1) 과연 형벌이 범죄를 억제할까?

- 싱가포르의 태형
- 싱가포르의 범죄를 줄이는 데 큰 역할을 한다.
- 억제의 3대 요소를 모두 갖추고 있다.
- 외국인에게도 예외 없이 집행한다.

(2) 과연 형벌이 범죄를 억제할까?

- 사형제도와 살인범죄의 관계
- 미국에서 사형을 가장 많이 집행하는 텍사스주와 사형제도를 폐지한 미시건주의 살인범죄율을 비교한 결과 차이가 없었다.
- 사형은 살인범죄율과 상관이 없다.

참고문헌

1) 이윤호. 2015. 「범죄학」. 박영사.
2) 이윤호. 2017. 「범죄, 그 진실과 오해」. 박영사.
3) 수디르벤다카시 저. 김영선 역. 2009. 「괴짜사회학」. 김영사.
4) 마이클 레빈 저. 김민주 역. 2006. 「깨진 유리창 법칙」. 흐름출판.
5) 리처드 탈러, 캐스 선스타인 저. 안진환 역. 2009. 「넛지」. 리더스북.
6) 스콧 터로우 저. 정영목 역. 2004. 「극단의 형벌」. 교양인.
7) EBS 교수진. 2017. 「민간경비론」. 시대고시기획.

제4장

경비업법

제1절 경비업 및 경비원, 경비지도사

제2절 집단민원현장

제3절 경비업의 허가요건

제4절 경비업자 및 경비업 도급인의 의무

제5절 경비원의 결격사유

제6절 경비원의 결격사유 확인, 경비원명부 등, 경비원의 배치 및 배치폐지

제7절 경비원의 교육

제8절 경비원의 복장 및 장비

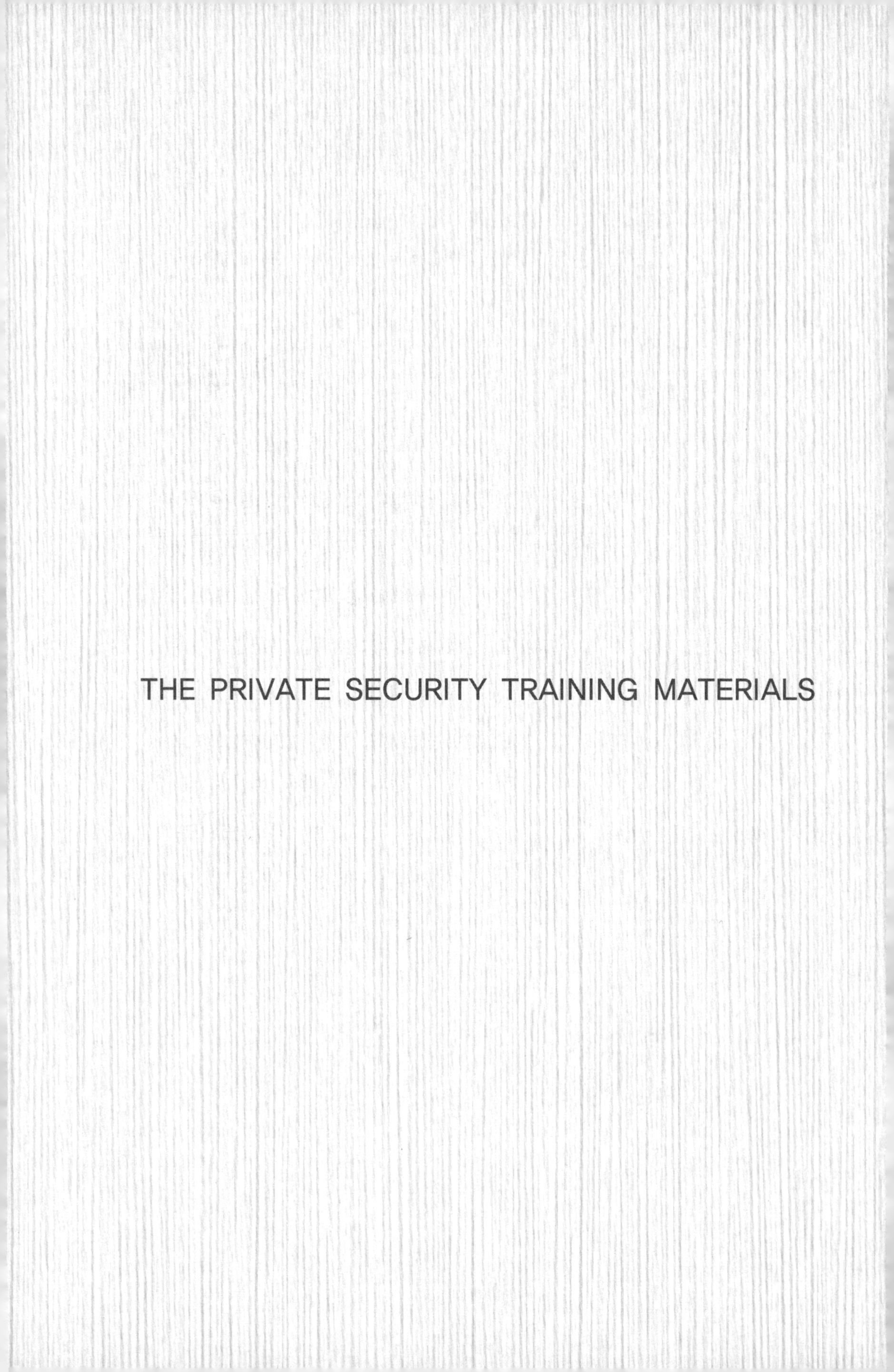

THE PRIVATE SECURITY TRAINING MATERIALS

제 4 장 경비업법

제1절 경비업 및 경비원, 경비지도사

1. 경비업

경비업이란 시설경비, 호송경비, 신변보호, 기계경비(이상 일반경비) 및 특수경비에 해당하는 업무의 전부 또는 일부를 도급받아 행하는 영업을 의미한다(「경비업법」 제2조 1호). 시설경비는 경비를 필요로 하는 시설 및 장소에서의 도난, 화재 그 밖의 혼잡 등으로 인한 위험발생을 방지하고, 호송경비는 현금, 유가증권, 귀금속, 상품 그 밖의 물건에 대하여 도난, 화재 등의 위험발생을 방지하며, 신변보호는 사람의 생명이나 신체에 대한 위해발생을 방지하고 그 신변을 보호하고, 기계경비는 경비대상시설에 설치한 기기에 의하여 감지, 송신된 정보를 그 경비대상시설 외의 장소에 설치한 관제시설의 기기로 수신하여 도난, 화재 등 위험발생을 방지하는 것을 말한다. 아울러, 특수경비는 항공기를 포함하여 공항 등 국가중요시설의 경비 및 도난, 화재 등 위험발생을 방지하는 것을 각각 그 업무범위로 한다. 경비업은 법인이 아니면 이를 영위할 수 없다(「경비업법」 제3조).

2. 경비원 및 경비지도사

1) 경비원

'경비업의 허가를 받은 법인(경비업자)이 채용한 고용인'으로서 경비업무를 일반경비와 특수경비로 구분함에 따라 경비원은 크게 '일반경비원'과 '특수경비원'으로 구별된다(「경비업법」 제2조 3호).

2) 경비지도사

경비지도사는 '일반경비지도사'와 '기계경비지도사'로 구분되는데(「경비업법」 제2조 2호), 경비지도사는 월 1회 이상 경비원의 지도, 감독, 교육(직무교육)계획의 수립 및 실시하고 직무교육실시 후에는 직무교육실시대장을 작성하고 이를 2년간 보존하여야 한다. 그리고 경비현장에 배치된 경비원에 대하여 월 1회 이상 순회점검 및 감독을 실시하여야 한다. 아울러, 경찰 또는 소방기관과의 연락, 업무협조를 담당하며, 집단민원현장에 경비원과 함께 배치되어 현장에서 경비원을 지도, 감독하여야 한다. 한편, 기계경비업무의 경우, 기계장치의 운용, 감독 및 오경보방지 등을 위한 기기관리 감독을 월 1회 이상 실시하여야 한다(「경비업법」 제12조 2항 및 동 시행령 제17조).

경비업자는 경비원을 배치하여 영업활동을 하고 있는 지역을 관할하는 시·도경찰청의 관할구역 별로 경비원 200명까지는 경비지도사 1명을 선임, 배치하고, 경비원이 200명을 초과하는 경우, 경비원 100명 단위로 경비지도사 1명씩 추가로 선임, 배치하는 것을 원칙으로 하되, 이에 따라 경비지도사가 배치된 시·도경찰청의 관할구역과 맞닿아 경계를 인접한 시·도경찰청 관할구역에 배치된 경비원이 30명 이하인 경우에는 경비지도사를 따로 선임, 배치하지 않을 수 있다. 다만, 이 경우에도 경비지도사 1명이 지도, 감독 및 교육할 수 있는 경비원의 총수는 200명을 초과해서는 안 된다(「경비업법 시행령」 제16조 1항 별표 3의 기준).

경비업자는 선임, 배치된 경비지도사에 결원이 발생하거나 자격정지 등의 사유로 직무를 수행할 수 없는 때에는 15일 이내에 경비지도사를 새로 충원하여야 한다(「경비업법 시행령」 제16조 2항)

제2절 집단민원현장

「경비업법」은 사고가 발생할 가능성이 높은 유형의 경비현장을 집단민원현장으로 구분하고(「경비업법」 제2조 5호), 이와 관련하여 경비원, 경비업자 및 경비업의 도급인이 준수하여야 할 특별한 준수사항을 규정하고 있다.

1. 집단민원현장의 유형

① 노동조합 및 노동관계조정법에 따라 노동관계 당사자가 노동쟁의 조정신청을 한 사업장 또는 쟁의행위가 발생한 사업자
② 도시 및 주거환경정비업법에 따른 정비사업과 관련하여 이해대립이 있어 다툼이 있는 장소
③ 특정 시설물의 설치와 관련하여 민원이 있는 장소
④ 주주총회와 관련하여 이해대립이 있어 다툼이 있는 장소
⑤ 건물, 토지 등 부동산 및 동산에 대한 소유권, 운영권, 관리권, 점유권 등 법적 권리에 대한 이해대립이 있어 다툼이 있는 장소
⑥ 100명 이상의 사람이 모이는 국제, 문화, 예술, 체육 행사장
⑦ 행정대집행법에 따라 대집행을 하는 장소

2. 집단민원현장 관련 준수사항

① 경비업자는 집단민원현장에 경비원을 배치하는 때는 경비지도사를 선임하여 그 장소에 배치하여 경비원을 지도, 감독하도록 하여야 한다(「경비업법」 제7조 6항).
② 누구든지 집단민원현장에 경비인력 20명 이상을 배치하려고 할 때는 그 경비인력을 직접 고용하여서는 안 되고, 경비업자에게 그 업무를 도급하여야 한다. 다만, 집단민원현장 발생 3개월 전까지 직접 고용하여 경비업무를 수행하는 피고용인의 경우는 제외한다(「경비업법」 제7조의2 2항).

③ 집단민원현장의 경우, 경비원은 경비업무수행 시 반드시 경비원 복장을 착용하여야 한다(「경비업법」 제16조 2항 단서).

④ 경비업자는 집단민원현장에 배치되는 경비원에 대하여는 경비원명부를 별도로 작성하여 그 경비원이 배치되는 장소에 비치하여야 한다(「경비업법」 제18조 1항 단서).

제3절 경비업의 허가요건

1. 경비업의 허가

경비업을 영위하고자 하는 법인은 도급받아 행하려는 경비업무를 특정하여 그 법인의 주사무소 소재지를 관할하는 시·도경찰청장의 허가를 받아야 한다. 허가신청서는 법인 주사무소를 관할하는 시·도경찰청장 또는 해당 시·도경찰청 소속 경찰서장에게 제출하되, 제출받은 경찰서장은 지체없이 이를 관할 시·도경찰청에게 보내야 한다. 도급받아 행하는 경비업무를 변경하는 경우(변경허가신청)에도 동일하다(「경비업법」 제4조 및 동 시행령 제3조).

허가 또는 변경허가요건은 그 신청 시에 이미 구비되어 있어야 함이 원칙이지만, 자본금을 제외한 시설 등의 요건이 미비된 경우, 신청 시 그 확보계획서를 제출하고, 허가 또는 변경허가를 받은 날로부터 1월 이내에 이를 갖추어 시·도경찰청장의 확인을 받아야 한다(「경비업법 시행령」 제3조 2항)

2. 경비업의 허가요건

1) 시설경비

경비지도사 1명 및 10명 이상의 경비원으로 인적 요건을 구비하여야 하고, 자체 교육장과 함께 경비원 복장, 장비 등의 물적 설비를 갖추어야 한다. 또한 1억 원 이상의 자본금을 갖추어야 한다(「경비업법 시행령」 제3조 2항 별표 1).

2) 신변보호 및 호송경비업무

경비지도사 1명 및 무술유단자인 경비원 5명 이상의 인적요건과 함께 자체 교육장, 경비원 복장, 장비 등의 물적 설비를 갖추어야 한다. 특히 호송경비업무의 경우, 호송용 차량 1대 이상, 현금호송백 1개 이상을 갖출 것이 요구된다. 신변보호 및 호송경비업무의 경우 1억원 이상의 자본금을 갖추어야 한다(「경비업법 시행령」 제3조 2항 별표 1).

3) 기계경비업무

인적 요건으로 경비지도사 1명 및 전자, 통신분야 기술자격증을 소지한 경비원 5명을 포함하여 총 10명 이상의 경비원이 요구된다. 또한 자체 교육장과 관제시설, 경비원 복장, 장비(감지장치, 송수신장치 및 출장소별로 출동차량 2대 이상 포함)와 함께 1억 원 이상의 자본금을 갖추어야 한다(「경비업법 시행령」 제3조 1항 및 별표 1).

4) 특수경비업무

20명 이상의 특수경비원과 1명 이상의 경비지도사를 인적요건으로 하고, 이들 경비인력을 동시에 교육할 수 있는 교육장과 장비가 요구된다. 아울러 3억 이상의 자본금을 갖추어야 한다(「경비업법 시행령」 제3조 2항 별표 1).

3. 경비업 허가의 유효기간

경비업 허가의 유효기간은 허가받은 날로부터 5년으로, 만료 이후 경비업을 계속하고자 하는 법인은 유효기간 만료 30일 전까지 갱신허가신청서를 관할 시·도경찰청장 또는 그 소속 경찰서장에게 제출하여, 갱신허가를 받아야 한다(「경비업법」 제6조 및 동 시행령 제6조 1항).

4. 경비업 허가에 따른 신고

경비업의 허가를 받은 법인은 영업을 폐업하거나 휴업(휴업기간의 연장 또는 휴업기간 종료 전 영업을 재개하는 때도 포함)하는 때, 법인의 명칭이나 대표자, 임원을 변경한 때, 법인의 주사무소나 출장소를 신설, 이전 또는 폐지한 때, 기계경비업무의 수행을 위한 관제시설을 신설, 이전 또는 폐지한 때, 특수경비업무를 개시하거나 종료한 때, 법인 정관의 목적을 변경한 때는 법인의 주사무소 관할 시·도경찰청장에게 신고하여야 한다(「경비업법」 제4조). 이 경우 폐업과 휴업 등의 경우는 7일 이내에, 이외의 사유가 발생한 때에는 그 날로부터 30일 이내에 신고하여야 한다(「경비업법 시행령」 제5조).

제4절 경비업자 및 경비업 도급인의 의무

1. 경비업자의 의무(「경비업법」 제7조)

① 경비대상시설주의 관리권 범위 안에서 경비업무를 수행하고, 타인의 자유와 권리를 침해하거나 정당한 활동을 방해하여서는 안 된다.

② 경비업무를 성실히 수행하고, 도급을 의뢰받은 경비업무가 위법, 부당한 것인 때에는 이를 거부하여야 한다.

③ 불공정한 계약으로 경비원의 권익을 침해해서는 안 된다.

④ 다른 법률에 특별한 규정이 있는 경우를 제외하고, 직무상 알게 된 비밀을 누설하거나 다른 사람에게 제공하여 이용하도록 하는 등 부당한 목적을 위하여 사용해서는 안 된다.

⑤ 허가받은 경비업무 외의 업무에 경비원을 종사하게 하여서는 안 된다(단, 공동주택관리법 제65조의2 1항에 따른 예외가 있음).[1][2]

---

1) **헌법재판소 2023. 3. 23. 선고 2020헌가19 전원재판부 결정(경비업법 제7조 5항 등에 대한 위헌제청),** "(사실관계: 2019년 9월 경남지방경찰청이 아파트 경비원이 음식물쓰레기통 세척, 분리수거, 택배 관리 등 경비 외 업무에 종사케하여 경비업법 제7조 5항을 위반하였다는 이유로 동법 제19조 1항 2호에 근거하여 경비업자 甲(社)의 경비업 허가를 취소하자, 甲(社)이 처분취소를 요구하여 행정소송을 제기한 사안으로 재판 중 경비업법 제7조 5항 및 제19조 1항 2호에 한 위헌법률심판

⑥ 집단민원현장에 경비원을 배치하는 때에는 경비지도사를 선임하고 그 장소에 배치하여 경비원을 지도, 감독하게 하여야 한다.

⑦ 특수경비업무를 수행하는 경비업자는 특수경비업무의 개시신고 시, 국가중요시설에 대한 특수경비업무의 수행이 중단되는 경우, 시설주의 동의를 얻어 다른 특수경비업자 중 경비업무를 대행할 자(경비대행업자)를 지정하여 시·도경찰

제청이 이루어진 사건) 이 사건 금지조항은 경비원의 비경비업무 수행을 그 구체적 태양을 불문하고 원칙적으로 금지하고 있으며, 일체의 예외를 규정하고 있지 아니하다. 물론 경비업무에 일체 전념할 수 없을 정도로 경비원을 비경비업무에 종사하게 하여 경비대상시설에 야기되는 위험을 미연에 방지하지 못하게 하는 경우 또는 경비원을 경비업무와 무관한 노사분규 현장 또는 다툼이 있는 주택재개발지 등 집단민원현장에 동원하여 불법적 행위에 종사하게 하는 경우 등과 같이, 허가받은 경비업무의 본질에 부합하지 않을 정도로 비경비업무를 수행하게 하는 경우도 존재한다. 그러나 **경비원이 비경비업무를 수행한다 하더라도 그 내용이 허가받은 경비업무의 성격에 비추어 경비업무의 전념성을 직접적으로 훼손하지 않는 경우도 충분히 있을 수 있다.** 경비시스템과 관련된 기계 및 정보통신 등의 기술발달은 경비환경에 많은 사회적 · 경제적 변화를 불러왔고, 이에 따라 경비업무의 전념성을 훼손하지 않는 범위 내에서 비경비업무를 수행하는 것이 가능할 수 있다. 또한, 경비대상시설에 따라서는 경비대상시설의 경비업무와 관리업무를 동시에 수행하는 것이 효율적인 경우도 상정 가능하다. **특히, 공동주택관리법상 공동주택의 경우 경비대상시설의 시설주인 입주자대표회의는 경비원으로 하여금 경비업무와 관리업무를 모두 수행하게 하는 것이 효율적이라고 판단할 수 있고, 실제 그에 따라 경비원의 업무범위는 공동주택의 경비업무와 관리업무를 모두 포괄하고 있는 것이 오래된 현실이다. 그럼에도 불구하고 이 사건 금지조항은 경비업무의 전념성이 훼손되는 정도를 고려하지 않고 비경비업무의 수행을 일률적이고 전면적으로 금지하고 있는바, 이는 입법목적의 달성에 필요한 범위를 넘는 과도한 제한이다.** … (중략) … 심판대상조항에 대하여 단순위헌결정을 하게 되면, 비경비업무의 수행이 경비업무의 전념성을 해치는 경우마저 경비원의 비경비업무 수행이 허용되며, 경비업자가 경비업무의 전념성을 직접적으로 훼손하는 업무에 경비원을 종사하게 한 경우에도 그 경비업 허가를 취소할 수 없게 되는 불합리한 결과가 발생한다. 나아가 경비업무의 전념성을 해치지 아니하는 비경비업무의 범위는 비경비업무의 개별적 성격, 구체적 태양 등을 고려하여 결정되어야 하는 것으로, 경비원이 종사할 수 있는 비경비업무의 범위를 구체적으로 정함으로써 심판대상조항의 위헌성을 제거하는 것은 입법자의 재량적 판단에 맡기는 것이 필요하다. 따라서 **심판대상조항에 대하여 단순위헌결정을 하는 대신 헌법불합치결정을 선고하되 그 적용을 중지한다.** 입법자는 가능한 한 빠른 시일 내에, 늦어도 2024. 12. 31.까지는 개선입법을 이행하여야 한다. 입법자가 2024. 12. 31.까지 심판대상조항을 개정하지 아니하면 2025. 1. 1.부터 그 효력이 상실되고, 개선입법이 이루어지는 경우 그 효력은 당해 사건에 소급하여 미친다."

2) **공동주택관리법 제65조의2(경비원 등 근로자의 업무 등)** ① 공동주택에 경비원을 배치한 경비업자(「경비업법」 제4조 제1항에 따라 허가를 받은 경비업자를 말한다)는 「경비업법」 제7조 제5항에도 불구하고 대통령령으로 정하는 공동주택 관리에 필요한 업무에 경비원을 종사하게 할 수 있다.

공동주택관리법 시행령 제69조의2(경비원이 예외적으로 종사할 수 있는 업무 등) ① 법 제65조의2 제1항에서 "대통령령으로 정하는 공동주택 관리에 필요한 업무"란 다음 각 호의 업무를 말한다.

1. 청소와 이에 준하는 미화의 보조
2. 재활용 가능 자원의 분리배출 감시 및 정리
3. 안내문의 게시와 우편수취함 투입

② 공동주택 경비원은 공동주택에서의 도난, 화재, 그 밖의 혼잡 등으로 인한 위험발생을 방지하기 위한 범위에서 주차 관리와 택배물품 보관 업무를 수행할 수 있다.

청장에게 신고하여야 하고, 특수경비업무를 중단하게 되는 경우, 미리 이를 경비대행업자에게 통보하고, 경비대행업자는 이를 통보받은 즉시 그 경비업무를 인수하여야 한다.

⑧ 특수경비업자의 경우, 경비업과 경비장비의 제조, 설비, 판매업, 네트워크를 활용한 전보산업, 시설물의 유지관리업 및 경비원 교육업 등 경비업관련업 외의 영업행위를 하여서는 안 된다.

2. 경비업 도급인의 의무(「경비업법」 제7조의2)

① 허가받지 않은 자에 대하여 경비업무를 도급하여서는 안 된다.

② 집단민원현장에 20명 이상의 경비인력 배치 시, 직접 고용이 금지된다. 다만, 집단민원현장 발생 3개월 전까지 직접 고용하여 경비업무를 수행하는 피고용인의 경우는 제외한다.

③ 경비업무를 수급한 경비업자의 경비원 채용과 관련하여 무자격자나 부적격자 등을 채용하도록 관여하거나 영향력을 행사하여서는 안 된다.

제5절 경비원의 결격사유

1. 일반경비원의 결격사유(경비지도사도 동일. 「경비업법」 제10조)

① 18세 미만의 사람 또는 피성년후견인

② 파산선고를 받아 복권되지 아니한 자

③ 금고 이상 실형의 선고를 받고 그 집행이 종료되거나 집행이 면제된 날로부터 5년이 지나지 아니한 자

④ 금고 이상의 형의 집행유예선고를 받고 그 유예기간 중에 있는 자

⑤ 다음의 죄를 범하여 벌금형을 선고받은 날부터 10년이 지나지 아니하거나, 금고 이상의 형을 선고받고 그 집행이 종료되거나 유예, 면제된 날부터 10년이

지나지 아니한 자

- 「형법」 제114조(범죄단체조직)
- 「폭력행위 등 처벌에 관한 법률」 제4조(단체 등의 구성 및 활동)
- 「형법」 제297조(강간), 제297조의2(유사강간), 제298조부터 제301조(강제추행, 준강간 및 준강제추행, 이상의 미수범, 강간상해 및 치상), 제301조의2(강간살인 및 치사), 제302조(미성년자 등에 대한 간음), 제303조(업무상 위력 등에 의한 간음), 제305조(미성년자에 대한 간음, 추행), 제305조의2(이상 상습범)
- 「성폭력범죄의 처벌 등에 관한 특례법」 제3조부터 제11조(특수강도강간, 특수강간, 친족관계에 의한 강간, 장애인 등에 대한 강간 및 강제추행, 강간상해 및 치상, 강간살인 및 치사, 업무상 위력 등에 의한 추행, 공중 밀집 장소에서의 추행), 제15조(이상 미수범)
- 「아동·청소년의 성보호에 관한 법률」 제7조(아동·청소년에 대한 강간 및 강제추행) 및 제8조(장애인인 아동·청소년에 대한 간음 등)
- 이상의 범죄로서 다른 법률에 따라 가중처벌되는 죄

⑥ 다음의 죄로 벌금형을 선고받은 날부터 5년이 지나지 아니하거나, 금고 이상의 형을 선고받고 그 집행이 유예된 날부터 5년이 지나지 아니한 자

- 「형법」 제329조부터 제331조(절도, 야간주거침입절도, 특수절도), 제331조의2(자동차 등 불법사용), 제332조(이상 상습범), 제333조부터 제343조(강도, 특수강도, 준강도, 인질강도, 강도상해 및 치상, 강도살인 및 치사, 강도강간, 해상강도, 이상 상습범 및 미수범)
- 이상의 죄로 다른 법률에 따라 가중처벌되는 죄

⑦ 위 ⑤의 죄를 범하여 치료감호를 선고받고 그 집행이 종료되거나 면제받은 날부터 10년이 지나지 아니한 자(위 ⑥의 죄를 범한 경우에는 5년이 지나지 아니한 자)

⑧ 「경비업법」 또는 이 법에 따른 명령에 위반하여 벌금형을 선고받은 날부터 5년이 지나지 아니하거나 금고 이상의 형을 선고받고 그 집행이 유예된 날부터 5년이 지나지 아니한 자

2. 특수경비원의 결격사유

① 18세 미만이거나 60세 이상의 사람 또는 피성년후견인
② 심신상실자 또는 알코올 중독자 등 대통령령으로 정하는 정신적 제약이 있는 자
③ 일반경비원 결격사유로 위 ②~⑧의 사유에 해당하는 자
④ 금고 이상의 형의 선고유예를 받고 그 유예기간 중에 있는 자
⑤ 신체조건(팔, 다리가 완전하고 나안 0.2 이상, 교정시력 0.8 이상)이 미달하는 자

특수경비원이 위의 결격사유에 해당하는 경우, 당연퇴직한다. 다만, 나이가 60세가 되어 퇴직하는 경우, 60세가 된 날이 1~6월에 있으면 6월 30일에, 7~12월에 있으면 12월 31일에 각각 당연퇴직한다. 아울러, 파산선고를 받은 경우는 「채무자 회생 및 파산에 관한 법률」에 따라 신청기간 내에 면책신청을 아니하거나 면책불허가 결정 또는 면책취소가 확정된 경우만을 말하며, 선고유예를 받고 그 유예기단 중에 있는 경우는 「성폭력범죄의 처벌 등에 관한 특례법」 제2조, 「아동청소년의 성보호에 관한 법률」 제2조 2호 및 직무와 관련하여 「형법」 제355조(횡령 및 배임) 또는 제356조(업무상 횡령 및 배임)의 죄를 범하여 금고 이상의 형의 선고유예를 받은 경우만을 말한다(「경비업법」 제10조의2).

제6절 경비원의 결격사유 확인, 경비원명부 등, 경비원의 배치 및 배치폐지

1. 경비원의 결격사유 확인을 위한 범죄경력조회

경찰청장, 시·도경찰청장 또는 관한 경찰관서의 장은 직권으로 경비업자의 임원, 경비지도사, 경비원이 결격사유에 해당하는지 확인하기 위하여 「형의 실효 등에 관한 법률」 제6조의 범죄경력을 조회할 수 있다. 또한 경비업자는 선출, 선임 또는 채용하려는 임원, 경비지도사, 경비원이 결격사유에 해당하는지를 확인하기 위하여 주사무소, 출장소 또는 배치장소를 관할하는 시·도경찰청장 또는 경찰관서의 장에게 「형의 실효 등에 관한 법률」 제6조의 범죄경력조회를 요청할 수 있다. 시·도경찰청장 또는 관할 경찰관서의 장은 범죄경력조회 결과를 통보할 때, 결격사유에 해당하는지 여부만을 통보한다(「경비업법」 제17조).

2. 경비원 명부 및 근무상황기록부

경비업자는 주사무소, 출장소 그리고 집단민원현장에 경비원명부를 작성하여 비치하여야 하고, 경비원명부에 없는 자를 경비업무에 종사하게 하여서는 안 된다(「경비업법」 제18조 7항). 또한 경비업자는 경비업무를 수행하는 경비원의 인적사항, 배치일시, 배치폐지일시 및 근무여부 등 근무상황을 기록한 근무상황기록부를 작성하여 주사무소 및 출장소에 비치하고, 1년간 이를 보존하여야 한다(「경비업법」 제18조 5항 및 동 시행규칙 제24조의3).

3. 경비원의 배치, 배치폐지 신고 및 허가

경비업자는 경비업무 수행을 위하여 20일 이상 경비원을 배치하거나 그 기간을 연장하려는 때는 경비원을 배치한 후 7일 이내에 배치지를 관할하는 경찰관서의 장에게 배치신고서를 제출하여야 한다. 다만, 집단민원현장이 아닌 곳의 신변보호업무를 수행하는 일반경비원, 특수경비원을 배치하는 때는 배치기간과 상관없이 배치 전 신고서를 제출하여야 한다. 그리고 배치신고를 한 경비업자가 경비원을 배치폐지한 때는 그 날로부터 7일 이내에 배치지를 관할하는 경찰관서의 장에게 배치폐지 신고서를 제출하여야 한다(배치신고서에서 정한 배치폐지 예정일에 배치폐지하는 경우는 별도로 배체폐지신고를 하지 않아도 된다. 「경비업법 시행규칙」 제24조 1항 및 5항).

한편, ① 시설경비업무 또는 신변보호업무 중으로 집단민원현장에 일반경비원을 배치하는 경우에는 배치(배치기간의 연장이나 새로운 경비원은 배치하는 경우 포함) 48시간 전까지 배치지를 관할하는 경찰관서의 장에게 배치허가를 신청하고, 배치허가를 받은 이후에 경비원을 배치하여야 한다. 또한 경비업자가 허가를 받아 배치한 경비원을 배치폐지한 때에는 배치폐지한 날로부터 48시간 이내에 관할 경찰서장에게 배치폐지신고를 하여야 한다(「경비업법」 제18조 2항 및 동 시행규칙 제24조의2).

제7절 경비원의 교육

1. 경비원의 신임교육 및 직무교육

경비원의 교육은 일반경비원 및 특수경비원을 불문하고 크게 신임교육과 직무교육으로 구분된다(「경비업법」 제13조 1항 및 동 시행령 제18조, 제19조). 먼저 신임교육의 경우, 일반경비원은 총 24시간의 교육시간으로 10개 과목을 이수하여야 하고(「경비업법 시행규칙」 제12조 1항 별표 2), 특수경비원의 경우는 총 80시간의 교육시간으로 18개 과목을 이수하여야 한다(「경비업법 시행규칙」 제15조 1항 별표 4).

직무교육은 일반경비원의 경우, 매월 2시간(「경비업법 시행규칙」 제13조 1항), 특수경비원의 경우, 매월 3시간을(「경비업법 시행규칙」 제156조 1항) 이수하여야 한다.

경비업자는 경비원을 채용한 경우, 경비업자의 부담으로 해당 경비원에게 경비원 신임교육을 받도록 하여야 한다(「경비업법 시행령」 제18조 1항 및 제19조 1항). 다만, 일반경비원이 되려는 사람은 대통령령으로 정하는 교육기관에서 미리 일반경비원 신임교육을 받을 수 있다(「경비업법」 제13조 2항). 한편, 경비업자는 경비원이 신임교육을 이수할 때는 그 사실을 경비원명부에 기재하여야 하고, 경비원을 배치하는 경우, 신임교육을 이수한 자를 배치하여야 한다(「경비업법」 제18조 7항 및 동 시행규칙 제12조 5항, 제15조 3항).

2. 일반경비원 신임교육 제외 대상(「경비업법」 제18조 2항)

① 「경비업법」 제13조 1항 본문 또는 동조 제3항에 따른 일반경비원 또는 특수경비원 신임교육을 받은 사람으로서 채용 전 3년 이내에 경비업무에 종사한 경력이 있는 사람

② 경찰공무원법에 따른 경찰공무원으로 근무한 경력이 있는 사람

③ 「대통령 등의 경호에 관한 법률」에 따른 경호공무원 또는 별정직 공무원으로 근무한 경력이 있는 사람

④ 「군인사법」에 따른 부사관 이상으로 근무한 경력이 있는 사람

⑤ 경비지도사 자격이 있는 사람

⑥ 채용 당시 「경비업법」 제13조 2항에 따른 일반경비원 신임교육을 받은 지 3년이 지나지 아니한 사람

제8절 경비원의 복장 및 장비

1. 경비원의 복장

경비업자는 경찰공무원 또는 군인의 제복과 색상, 디자인이 명확히 구별되는 소속 경비원 복장을 정하고 이를 확인할 수 있는 사진을 첨부하여 주사무소를 관할하는 시·도경찰청장에게 신고하여야 한다(「경비업법」 제16조 1항). 경비업자는 경비업무 수행 시 경비원에게 소속 경비업체를 표시한 이름표를 부착하도록 하고, 신고된 복장과 동일한 경비원 복장을 착용하게 하여야 한다. 다만, 집단민원현장이 아닌 곳으로 신변보호업무, 기타 경비업무의 성격상 부득이한 사유가 있어서 관할 경찰관서의 장이 허용하는 경우에는 경비원 복장을 착용하지 않을 수 있다(「경비업법」 제16조 2항).

2. 경비원의 장비사용

각종 장비는 근무 중에만 휴대가 가능하며, 가스분사기를 휴대하는 경우 「총포·도검·화약류 등 단속법」에 따라 미리 소지허가를 받아야 한다. 아울러 장비사용은 상당한 이유가 있는 경우로 필요 최소한도에서 사용하여야 한다(「경비업법」 제16조의2).

제5장

직업윤리 및 서비스

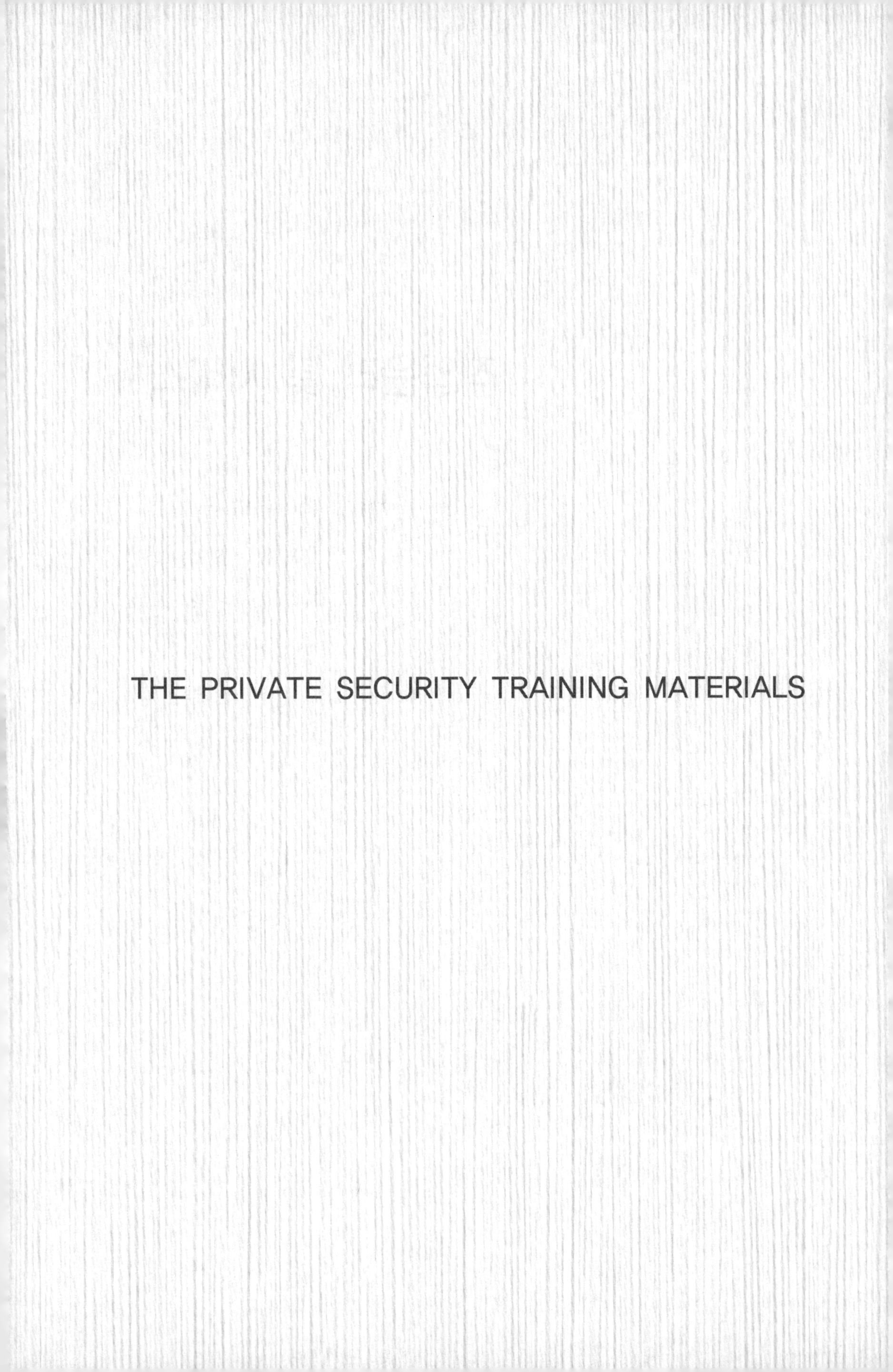

THE PRIVATE SECURITY TRAINING MATERIALS

제5장 직업윤리 및 서비스

제1절 경비원이라는 직업

1. 직업

1) 의의

한 개인이 육체적인 활동과 정신적인 에너지를 소모한 대가로 경제적인 보상을 받아 생활을 영위할 수 있도록 하는 행동양식을 말한다.

2) 직업의 목적

- 개인 및 가족의 생계유지
- 사회생활을 통한 공동체 일원으로서의 활동
- 자신의 꿈을 실현하기 위한 수단
- 봉사를 위한 수단

2. 경비원

1) 감시단속적 근로자

(1) 감시적 근로자

감시업무를 주 업무로 하며 상태적으로 정신적·육체적 피로가 적은 업무에 종사하는 자

아파트나 회사의 경비원, 학교의 수위, 물품 감시원 등

(2) 단속적 근로자

근로가 간헐적·단속적으로 이루어져 휴게시간이나 대기시간이 많은 업무

에 종사하는 자

보일러 기사, 전용 운전원

2) 감정노동자

- 자신의 감정을 숨기고 통제한 채, 자신의 업무 수행을 위해 정해져 있는 감정만을 표현하는 노동자
- 미국 사회학자 앨리 러셀 혹실드(Arlie Russell Hochschild)가 자신의 저서 《감정노동(The Managed Heart)》에서 처음 언급한 개념
- 우리나라의 감정노동 실태
  - 감정노동 여부 86.2% 긍정
  - 숨기는 감정: 분노(69.9%), 섭섭함(55.2%), 우울 · 슬픔(41.8%) 등
  - 숨기는 이유
    1. 상황이 더 악화될 거 같아서(48.1%)
    2. 괜한 오해를 받기 싫어서(47.7%)
    3. 불이익을 당할 것 같아서(41.1%)

3. 경비원 근무의 특징

1) 감시

- 방문자, 방문차량에 대한 지속적인 감시 필요
- 지하주차장 등 범죄발생 가능 지역에 대한 지속적 순찰, 감시 필요

2) 통제

- 거동이상자에 대한 통제
- 출입통제된 차량, 인원에 대한 접근통제

3) 관계

- 입주민 등의 고객과 친밀한 관계 유지
- 비상사태를 대비해 경찰 등과 긴밀한 관계 유지

제2절 직업윤리

1. 직업윤리

1) 동서양이 모두 강조하는 직업윤리

- 장인정신
- 정명정신
- 소명의식
- 청백리정신

2) 우리나라에서 강조하는 직업윤리

- 성실성
- 청렴성
- 약속준수
- 협동정신

2. 직장생활의 매너

- 인사하기
- 시간 등의 약속 준수
- 적절한 호칭의 사용
- 대화 시 공손한 말의 사용
- 상대방의 이야기를 경청
- 역지사지의 입장에서 상대방을 배려
- 맡은 일에 대한 책임감
- 친절의 생활화
- 공사의 구분

3. 바른 인사법

1) 인사의 5대 포인트

- 내가 먼저
- 상대방의 눈을 바라보며
- 표정은 밝게
- 인사말은 명랑하고 분명하게
- T. P. O 에 맞추어 인사하기

  T(Time), P(Place), O(Occasion)

2) 인사의 종류

(1) 목례

- 친한 사람에게 인사를 하는 경우
- 실내나 복도 및 좁은 장소에서 마주치거나 자주 만날 때
- 상체를 15도 숙여 상대방에게 인사

(2) 보통례

- 상대방에게 정식으로 처음 인사를 하는 경우
- 상체를 30도 숙여 상대방에게 인사

(3) 정중례

- 사과나 감사를 표하는 경우
- 상체를 45도 숙여 상대방에게 인사

3) 전화예절

(1) 기본예절

- 밝고 활기찬 목소리
- 정확한 발음과 공손한 말씨
- 친절한 태도

- 용건만 간단히

(2) 전화(인터폰)받는 예절

- 3번 이상 전화벨이 울리기 전에 받기
- 소속과 이름을 밝히기
- 메모 준비를 해 두기
- 상대방이 전화를 끊은 후 수화기를 내려놓기

4) 안내예절

(1) 동행안내 예절

- 상대방의 오른쪽 앞에 서서 걷기
- 목적지 방향을 "이쪽입니다"라고 설명하며, 방향 지시요령으로 안내
- 계단 오를 시는 고객이 손잡이 쪽으로 걷도록 안내

(2) 방향지시 요령

- 손바닥을 모아 팔꿈치에서 손끝까지 일직선이 되도록 하여 목적하는 방향으로 등을 펴고 손바닥으로 가리킴
- 시선은 상대방의 눈을 먼저 본 후 시선이 가리키는 곳을 따라 오도록 한 후 그 쪽 방향을 보며 위치를 설명
- 상대방이 고맙다고 인사말을 건네거나 지나칠 때에 "즐거운 하루 되십시오"라고 인사말을 하기

제3절 인권

1. 인권

1) 인간으로서 존엄을 유지하기 위해 당연히 누려야 할 권리

2) 국가인권위원회

- 2001년 설립

• 성격
  – 종합적 인권전담기구
  – 독립기구
  – 준사법기구
  – 준국제기구
• 상담: 국번없이 1331

2. 경비원(감시적 근로자) 인권 실태조사 I

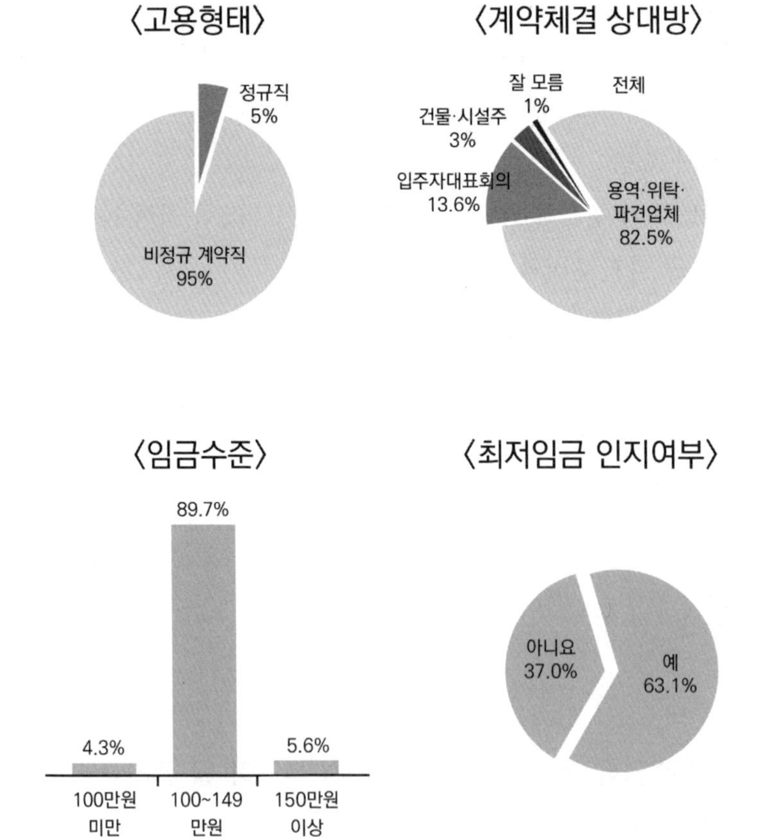

3. 감시단속직 근로자의 임금산정 방법

- (   )년 최저임금 시간급: (   )원
- 경비원은 최저임금의 90%를 적용받는다?

2015년 1월 1일부터 100% 모두 적용

- 경비원은 야간에 일하는 것도 주간과 동일하게 받는다?

오후 10시부터 오전 6시까지는 야간근로 시간으로 통상임금의 50%를 추가로 지급해야 함

4. 임금계산 해보기

- 최저임금 시간급을 받으며,
- 오전 7시부터 다음날 7시까지 근무하는 것으로 계약함
- 점심시간 1시간, 저녁시간 1시간,
- 새벽 2시부터 6시까지를 쉬는 시간으로 근로계약서를 작성.
- 나의 일당은 얼마일까?

일당 = 최저임금 × 근무시간
= (   ) × [24−1(점심시간)−1(저녁시간)−4(휴식시간)
+2(야간근무시간 × 0.5)]
= (   ) × [20]
= (   )

5. 경비원(감시적 근로자) 인권 실태조사II

〈언어적, 정신적 폭력경험 여부〉

〈언어적, 정신적 폭력 상대방〉

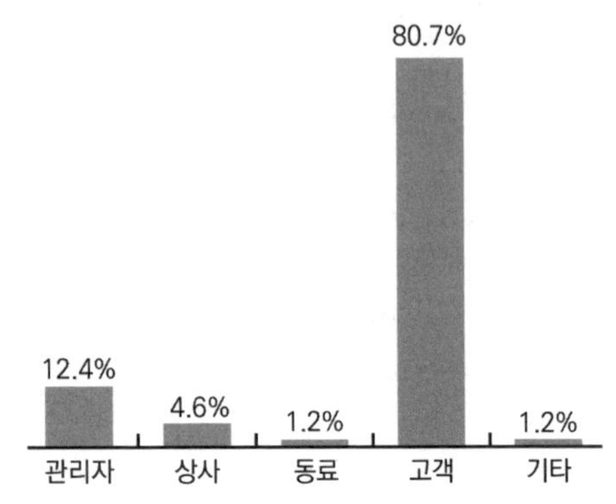

〈신체적 폭력형험 여부〉

있음
5.0%
없음
95.0%

〈신체적 폭력 상대방〉

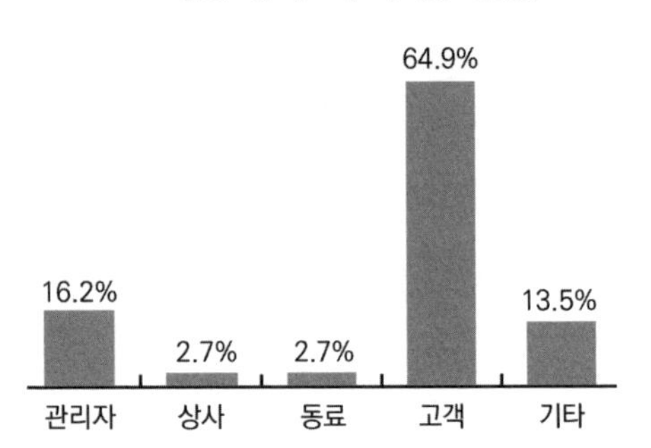

6. 경비노동자에게 물었습니다. 경비노동자가 입주민에게 바라는 점 1순위는 무엇일까요?

인격적인 대우

7. 공동주택관리법(2021. 4. 21 시행) 및 시행령 개정(2021. 1. 5 시행)

1) 입주자 등, 입주자대표회의 및 관리주체 등은 경비원 등 근로자에게 업무 이외에 부당한 지시를 하거나 명령을 하는 행위 또는 관련법령에 위반되는 지시를 하거나 명령을 하는 행위를 해서는 안 된다.

2) 시·도지사가 정하는 공동주택 관리규약 준칙 및 개별 공동주택단지가 정하는 관리규약에 「공동주택 내 근로자에 대한 괴롭힘의 금지 및 발생 시 조치사항(근로자에 대한 괴롭힘 금지, 신고방법, 피해자 보호조치, 신고를 이유로 해고 등 불이익 금지)」을 반영한다.

참고문헌

1) 근로기준법 시행규칙 제10조.

2) 대한민국 정책기자단(http://we-korea.blog.me/220692584200, 2016. 6. 30 검색).

3) 직장인 86% “나는 감정 노동자”(내일신문, 2015. 11. 17)

4) 김경태 등. 2016. 『일반경비원 신임교육』. 진영사.

5) http://blog.naver.com/seocho_audit/120120112666 (2016. 6. 30 검색).

6) http://blog.naver.com/matchingbank?Redirect=Log&logNo=220362924776 (2016. 6. 30 검색).

7) 성북구아파트 입주자대표연합회. 2015. “경비원수첩”

8) 국가인권위원회 홈페이지(2016. 6. 30 검색).

9), 10) 국가인권위원회. 2013. “감시단속직 노인 근로자의 인권상황 실태조사”

제6장

장비 사용법

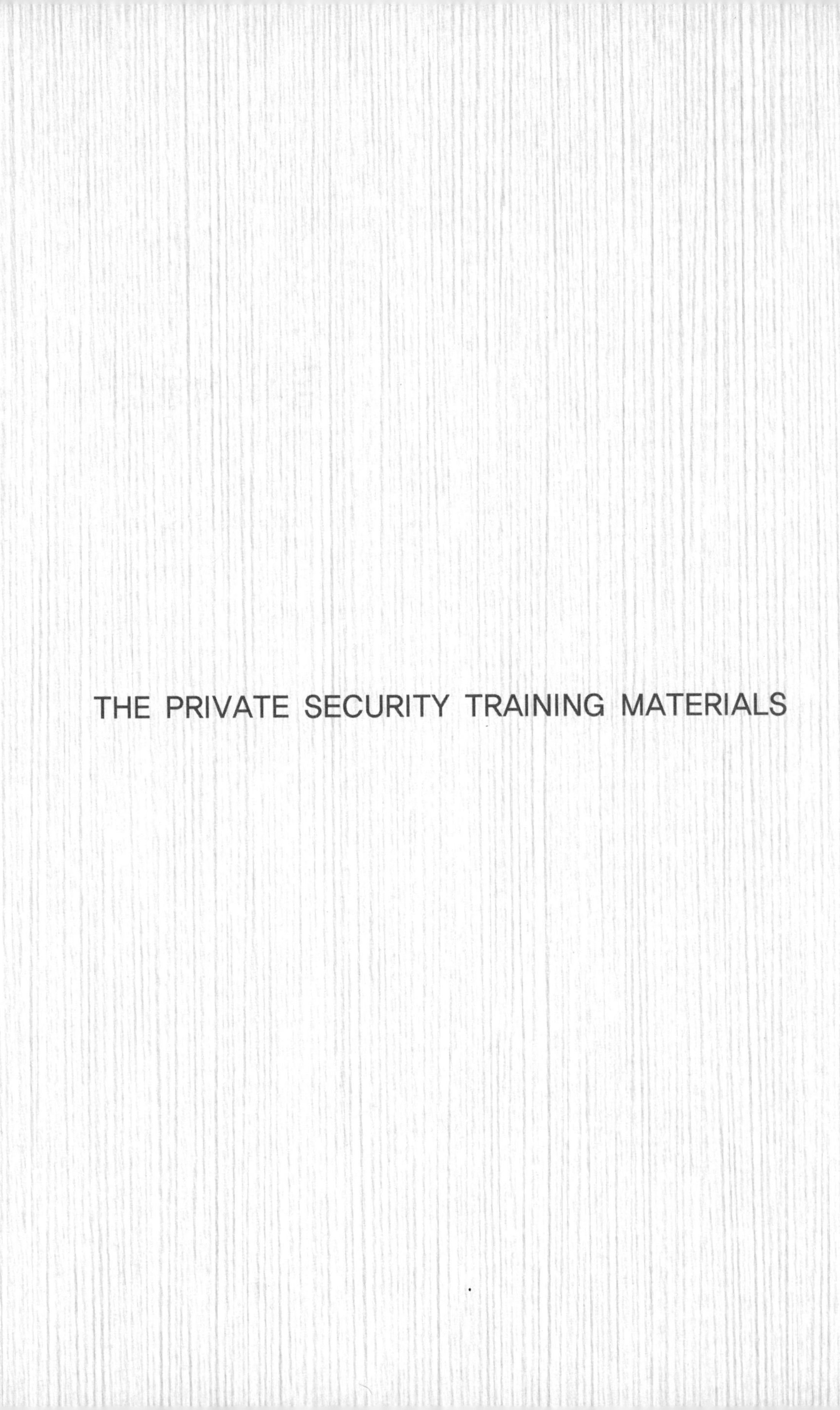

THE PRIVATE SECURITY TRAINING MATERIALS

제 6 장 장비 사용법

제1절 경비원의 장비

1. 장비의 개념

경비원의 장비사용과 관련하여 경비업법에서 사용하는 용어 정의를 살펴보면 "경비업"이라 함은 「경비업법」 제2조 1항에서 "다음 각목에 해당하는 업무의 전부 또는 일부를 도급받아 행하는 영업을 말한다."라고 규정하여, 이에는 시설경비업무, 호송경비업무, 신변보호업무, 기계경비업무, 특수경비업무가 있다. 또한 "경비원"이라 함은 "「경비업법」 제2조 3항의 규정에 의하여 경비업의 허가를 받은 법인이 채용한 고용인으로서 다음 각목의 1에 해당하는 자를 말한다."라고 규정하여 「경비업법」 제2조 3호의 규정에 따라 경비원은 일반경비원과 특수경비원으로 구분된다. 또한 「경비업법」 제2조 4항에 따라 "무기"라 함은 인명 또는 신체에 위해를 가할 수 있도록 제작된 권총 · 소총 등을 말한다.

경비원의 장비란 일반경비원과 특수경비원이 업무수행에 있어 업무효과를 높이고 자신을 보호할 수 있는 장비로 법에 의해 엄격히 규정하고 있다.

1) 일반경비원이 근무하는 업무

(1) 시설경비업무

경비를 필요로 하는 시설 및 장소에서의 도난·화재 그 밖의 혼잡 등으로 인한 위험발생을 방지하는 업무를 말한다.

(2) 호송경비업무

운반 중에 있는 현금·유가증권·귀금속·상품 그 밖의 물건에 대하여 도난·화재 등 위험발생을 방지하는 업무를 말한다.

(3) 신변보호업무

사람의 생명이나 신체에 대한 위해의 발생을 방지하고 그 신변을 보호하는 업무를 말한다.

(4) 기계경비업무

경비대상시설에 설치한 기기에 의하여 감지, 송신된 정보를 그 경비대상시설 외의 장소에 설치한 관제시설의 기기로 수신하여 도난·화재 등 위험발생을 방지하는 업무를 말한다.

2) 특수경비업

공항(항공기 포함) 등 대통령령이 정하는 국가중요시설의 경비 및 도난·화재 그 밖의 위험 발생을 방지하는 업무이다.

특수경비원은 경비업무 중 특수경비업무를 수행하는 사람들로 공항 및 국가중요시설 등을 경비하면서 무기 등을 휴대 근무하게 된다.

따라서 특수경비원은 국가중요시설의 경비를 위하여 무기를 사용하지 아니하고는 다른 수단이 없다고 인정되는 때에는 필요한 한도 안에서 무기를 사용할 수 있다.

(1) 특수경비원의 직무 및 무기사용

경비업법」 제14조(특수경비원의 직무 및 무기사용 등)에 의하여

① 특수경비업자는 특수경비원으로 하여금 배치된 경비구역 안에서 관할 경찰서장 및 공항경찰대장 등 국가중요시설의 경비책임자(이하 “관할 경찰관서장”이

라 한다)와 국가중요시설의 시설주의 감독을 받아 시설을 경비하고 도난 · 화재 그 밖의 위험의 발생을 방지하는 업무를 수행하게 하여야 한다.

② 특수경비원은 국가중요시설에 대한 경비업무 수행중 국가중요시설의 정상적인 운영을 해치는 장해를 일으켜서는 아니된다.

③ 시 · 도 경찰청장은 국가중요시설에 대한 경비업무의 수행을 위하여 필요하다고 인정하는 때에는 시설주의 신청에 의하여 무기를 구입한다. 이 경우 시설주는 그 무기의 구입대금을 지불하고, 구입한 무기를 국가에 기부채납하여야 한다.

④ 시 · 도 경찰청장은 국가중요시설에 대한 경비업무의 수행을 위하여 필요하다고 인정하는 때에는 관할경찰관서장으로 하여금 시설주의 신청에 의하여 시설주로부터 국가에 기부채납된 무기를 대여하게 하고, 시설주는 이를 특수경비원으로 하여금 휴대하게 할 수 있다. 이 경우 특수경비원은 정당한 사유없이 무기를 소지하고 배치된 경비구역을 벗어나서는 아니된다.

⑤ 시설주가 제4항의 규정에 의하여 대여받은 무기에 대하여 시설주 및 관할 경찰관서장은 무기의 관리책임을 지고, 관할 경찰관서장은 시설주 및 특수경비원의 무기관리상황을 대통령령이 정하는 바에 따라 지도 · 감독하여야 한다.

⑥ 관할 경찰관서장은 무기의 적정한 관리를 위하여 제4항의 규정에 의하여 무기를 대여받은 시설주에 대하여 필요한 명령을 발할 수 있다.

⑦ 시설주로부터 무기의 관리를 위하여 지정받은 책임자(이하 "관리책임자"라 한다)는 다음 각호에 의하여 이를 관리하여야 한다.

1. 무기출납부 및 무기장비운영카드를 비치 · 기록하여야 한다.
2. 무기는 관리책임자가 직접 지급 · 회수하여야 한다.

⑧ 특수경비원은 국가중요시설의 경비를 위하여 무기를 사용하지 아니하고는 다른 수단이 없다고 인정되는 때에는 필요한 한도안에서 무기를 사용할 수 있다. 다만, 다음 각호의 1에 해당하는 때를 제외하고는 사람에게 위해를 끼쳐서는 아니된다.

1. 무기 또는 폭발물을 소지하고 국가중요시설에 침입한 자가 특수경비원으로부터 3회 이상 투기(投棄) 또는 투항(投降)을 요구받고도 이에 불응하면서 계속 항거하는 경우 이를 억제하기 위하여 무기를 사용하지 아니하고는 다른 수단이 없다고 인정되는 때
2. 국가중요시설에 침입한 무장간첩이 특수경비원으로부터 투항(投降)을 요구받고도 이에 불응 한 때

⑨ 특수경비원의 무기휴대, 무기종류, 그 사용기준 및 안전검사의 기준 등에 관하여 필요한 사항은 대통령령으로 정한다.

(2) 벌칙

① 특수경비원은 규정을 위반하여 국가중요시설의 정상적인 운영을 해치는 장해를 일으킨 특수경비원은 5년 이하의 징역 또는 5천만원 이하의 벌금에 처한다.

② 특수경비원은 정당한 사유없이 무기를 소지하고 배치된 경비구역을 벗어난 특수경비원은 2년 이하의 징역 또는 2천만원 이하의 벌금에 처한다.

3) 일반경비원의 장비사용

그러나 일반경비업무를 수행하는 경비원은 특수경비업무를 제외한 시설경비, 호송경비, 신변보호, 기계경비 등의 업무를 수행하기 때문에 무기를 제외한 필요 장비를 휴대하여 근무하게 된다.

경비업무를 수행하는 현장에는 언제나 여러 형태의 위험이 있을 수 있으므로 경비원은 긴장된 자세로 경비업무를 수행해야 하며, 장비의 휴대사용은 경비원 자신의 보호를 위해서도 아주 중요하다고 할 수 있다.

따라서 경비원은 각종 경비업무를 원활하게 수행하기 위해서는 규정에 의한 장비를 휴대하여 대비해야 한다.

2. 장비사용의 법적 근거

1) 장비사용의 법적 근거

「경비업법」 제16조의2(경비원의 장비 등)에 의하여

① 경비원이 휴대할 수 있는 장비의 종류는 경적·단봉·분사기 등 행정자치부령으로 정하되, 근무 중에만 이를 휴대할 수 있다.

② 경비업자가 경비원으로 하여금 분사기를 휴대하여 직무를 수행하게 하는 경우에는 「총포·도검·화약류 등의 안전관리에 관한 법률」에 따라 미리 분사기의 소지허가를 받아야 한다.

③ 누구든지 제1항의 장비를 임의로 개조하여 통상의 용법과 달리 사용함으로써 다른 사람의 생명·신체에 위해를 가하여서는 아니 된다.

④ 경비원은 경비업무를 위하여 필요하다고 인정되는 상당한 이유가 있을 때에는 필요한 최소한도에서 제1항의 장비를 사용할 수 있다.

⑤ 그 밖에 출동차량 등에 필요한 사항은 행정자치부령으로 정한다고 하여 엄격하게 법으로 규정하고 있다.

2) 출동차량

「경비업법」 제16조(경비원의 복장 등) 3항에 의하여

① 경비업자는 출동차량 등의 도색 및 표지를 경찰차량 및 군차량과 명확히 구별될 수 있게 하여야 한다.

② 경비업자는 출동차량 등의 도색 및 표지를 정하고 이를 확인할 수 있는 사진을 첨부하여 주된 사무소를 관할하는 시·도 경찰청장에게 행정안전부령으로 정하는 바에 따라 신고하여야 한다.

③ 시·도 경찰청장은 제2항에 따라 제출받은 사진을 검토한 후 경비업자에게 도색 및 표지 변경 등에 대한 시정명령을 할 수 있다.

④ 제3항에 따른 시정명령을 받은 경비업자는 이를 이행하여야 하고, 시·도 경찰청장에게 행정안전부령으로 정하는 바에 따라 이행보고를 하여야 한다.

⑤ 그 밖에 출동차량 등에 필요한 사항은 행정안전부령으로 정한다.

3) 경비원 장비의 종류

「경비업법 시행규칙」 제20조(경비원의 휴대장비) 1항은 "경비원은 근무 중 경적, 단봉, 분사기, 안전방패, 무전기 및 그 밖에 경비업무 수행에 필요한 것으로서 공격적인 용도로 제작되지 아니하는 장비를 휴대할 수 있으며, 안전모 및 방검복 등 안전장비를 착용할 수 있다."라고 명시하고 있다.

이와 같이 경비원이 장비를 휴대 사용함에는 법이 보장하고 있는 장비를 규정에 따라 그 범위 내에서 휴대하여 사용해야 한다. 경비원 휴대장비의 구체적인 기준은 다음과 같다.

표 1 경비원 휴대장비의 구체적인 기준(「경비업법 시행규칙」 제20조 2항)

장 비	장비 기준
경적	금속이나 플라스틱 재질의 호루라기
단봉	금속(합금 포함)이나 플라스틱 재질의 전장 700㎜ 이하의 호신용 봉
분사기	「총포·도검·화약류 등 단속법」에 따른 분사기
안전방패	플라스틱 재질의 폭 500㎜ 이하, 길이 1,000㎜ 이하의 방패로, 경찰공무원이 사용하는 안전방패와 색상 및 디자인이 명확히 구분되어야 함
무전기	무전기 송신 시 실시간으로 수신이 가능한 것
안전모	얼굴을 가리지 아니하면서, 머리를 보호하는 장비로 경찰공무원이 사용하는 방석모와 색상 및 디자인이 명확히 구분되어야 함
방검복	경찰공무원이 사용하는 방검복과 색상 및 디자인이 명확히 구분되어야 함

3. 특수경비원의 의무

「경비업법」 제15조(특수경비원의 의무)에 의하여

① 특수경비원은 직무를 수행함에 있어 시설주·관할 경찰관서장 및 소속상사의 직무상 명령에 복종하여야 한다.

② 특수경비원은 소속상사의 허가 또는 정당한 사유없이 경비구역을 벗어나서는 아니된다.

③ 특수경비원은 파업·태업 그 밖에 경비업무의 정상적인 운영을 저해하는 일체의 쟁의행위를 하여서는 아니된다.

④ 특수경비원이 무기를 휴대하고 경비업무를 수행하는 때에는 다음 각호의 1에 정하는 무기의 안전사용수칙을 지켜야 한다.

1. 특수경비원은 사람을 향하여 권총 또는 소총을 발사하고자 하는 때에는 미리 구두 또는 공포탄에 의한 사격으로 상대방에게 경고하여야 한다. 다만, 다음 각목에 해당하는 경우로서 부득이한 때에는 경고하지 아니할 수 있다.
   가. 특수경비원을 급습하거나 타인의 생명·신체에 대한 중대한 위험을 야기하는 범행이 목전에 실행되고 있는 등 상황이 급박하여 경고할 시간적 여유가 없는 경우
   나. 인질·간첩 또는 테러사건에 있어서 은밀히 작전을 수행하는 경우
2. 특수경비원은 무기를 사용하는 경우에 있어서 범죄와 무관한 다중의 생명·신체에 위해를 가할 우려가 있는 때에는 이를 사용하여서는 아니된다. 다만, 무기를 사용하지 아니하고는 타인 또는 특수경비원의 생명·신체에 대한 중대한 위협을 방지할 수 없다고 인정되는 때에는 필요한 최소한의 범위 안에서 이를 사용할 수 있다.
3. 특수경비원은 총기 또는 폭발물을 가지고 대항하는 경우를 제외하고는 14세 미만의 자 또는 임산부에 대하여는 권총 또는 소총을 발사하여서는 아니된다.

4. 경비원의 의무

「경비업법」 제15조의2(경비원 등의 의무)에 의하여

① 경비원은 직무를 수행함에 있어 타인에게 위력을 과시하거나 물리력을 행사하는 등 경비업무의 범위를 벗어난 행위를 하여서는 아니된다.

② 누구든지 경비원으로 하여금 경비업무의 범위를 벗어난 행위를 하게 하여서는 아니된다.

제2절 분사기

1. 분사기의 이해

1) 분사기의 개념

분사기란 「총포·도검·화약류 등의 안전관리에 관한 법률」 제6조의2(분사기)에서 "동법 제2조 제4항의 규정에 의한 분사기는 사람의 활동을 일시적으로 곤란하게 하는 최루 또는 질식 등의 작용제를 내장된 압축가스의 힘으로 분사하는 기기로 다음 각호의 1에 해당하는 것으로 한다. 다만, 살균·살충용 및 산업용 분사기는 제외한다."라고 하면서 그 종류로 총포형 분사기, 막대형 분사기, 만년필형 분사기, 기타 휴대형 분사기로 규정하고 있다. 이와 같이 분사기는 보통 가스총(gas gun) 또는 가스분사기로도 불리나, 법에는 분사기로 규정하고 있다.

따라서 분사기는 상대에게 위해를 가하려는 자의 생명은 해치지 않고 일시적으로 그 활동을 곤란하게 하여 제압 또는 위험으로부터 벗어나게 하는 장비이다. 개인 호신용은 물론 경찰관, 청원경찰, 일반경비업무에 종사하는 사람들과 특정인의 신변보호를 책임지는 경호업무 종사자까지 다양한 사람들이 사용하고 있다.

그러나 분사기 사용은 남용되거나 잘못 사용하면 사람에게 피해를 주고, 범죄에 악용될 소지도 있는 등 위해요소가 될 수 있어 휴대 및 사용이 엄격하게 법에 의해 규제하고 있다.

(1) 분사기의 용어 해석

왜 알기 쉽게 '가스총'이라고 하지 '분사기'라는 용어를 사용하게 되었을까?

우선 「총포·도검·화약류 등의 안전관리에 관한 법률」 제1조 목적에서 "이 법은 총포·도검·화약류·분사기·전자충격기·석궁으로 인한 위험과 재해를 미리 방지함으로써 공공의 안전을 유지하는 데 이바지함을 목적으로 한다."라고 규정하여, '분사기'라는 용어를 사용하고 있으며, 동법 제2조 4항에서 "이 법에서 "분사기"란 사람의 활동을 일시적으로 곤란하게 하는 최루 또는 질식 등을 유발하는 작용제를 분사할 수 있는 기기로서 대통령령으로 정하는 것을 말한다."라고 정의하였고, 동 시행령 제3조 1항에서는 "법 제2조 제1항에 따른 총포는 다음 각 호의 총과 포 및 총포의 부품을 말한다."라고 규정하면서 산탄총, 강선총, 공기총, 가스총 등으로 규정하여 가스총은 총포의 일부로, 분사기와 구분하고 있다.

(2) 사용범위의 확대 및 중요성

경비업의 역사는 19세기 중엽 미국 서부 개척시대의 금괴운송을 위한 철도경비로부터 시작하여 산업화에 따른 경비수요의 증가와 국민들의 경비개념에 대한 새로운 인식변화 등으로 민간경비업이 발전·성장하게 되었다. 경비에 있어서도 초기에는 살상용무기를 사용하였으나 인명이 중시되면서 생명에는 지장을 주지 않으면서 효과적으로 임무를 수행할 수 있는 분사기 등의 장비를 개발하게 된 것이다.

우리나라도 산업이 발달하고 경비업무의 수요 증가에 따라 부족한 경찰력을 대체하고, 사회 안정과 산업시설 보호를 위해 1962년 「청원경찰법」 제정과 함께 청원경찰제도가 신설되면서 국가중요기관은 물론 금융기관, 방위산업체 등에서 경비·방범업무를 담당하게 되었다.

사설경비 분야인 경비업은 1960년대 주한 미8군 부대경비를 위해 한국인 근로자들이 고용되어 실시하면서 시작되었으나, 우리나라에서 민간경비분야로 시작된 것은 1976년 「용역경비업법」이 제정되면서 법에 의해 일반경비가 실시되었고, 1999

년「경비업법」으로 개정하여 현재는 경비업무의 건전한 발전과 경비원의 자질향상 및 교육훈련 등을 위하여 '한국경비협회'가 설립되어 존재하고 있다.

2) 분사기 사용과 발전과정

(1) 분사기 사용

분사기가 우리나라에 처음 등장하게 된 것은 1986년 서울 아시안게임과 1988년 서울올림픽 개최에 따른 경비업무의 필요성이 대두되면서 시작되었다. 분사기의 상용화는 휴대형 소화기에서 착안하여 방범용으로 생산, 시판하였는데, 의외로 수요가 많아 상용화에 성공하였고 볼 수 있다.

(2) 분사기의 법률화

분사기 수요의 증가로 상용화에 성공하게 되었으나 품질보장이 없었기 때문에 조잡한 제품으로 인한 인명피해는 물론 범죄에 이용되는 불법사례 등이 속출함에 따라, 이러한 문제를 해결하기 위하여 1989년 12월 30일「총포·도검·화약류 등 단속법」을 개정하여 분사기 관리를 법제화하게 되었다.

(3) 분사기의 발전

최초 분사기는 거의 단발 분사형태로 이루어졌으나 여러 번 분사할 수 있는 제품의 수요가 제기되면서 가벼우면서도 작은 다연발 형태로 발전하게 되었다.

이후 금융기관은 물론 경비업체의 경비용으로 수요가 확대되면서 개량된 제품이 출시하게 되었다.

(4) 리벌버형 분사기 제조금지

1996년에는 38구경 리벌버 권총형태의 5연발식 분사기가 등장하였다. 이 형태의 경우 경찰용 권총과 매우 흡사하고 개조하면 인명살상의 위험이 제기됨에 따라 2005년 11월 1일 이후 권총형태의 화약장착형 리벌버식 분사기는 제조금지되었다.

현재는 분말형 분사기와 액체식 분사기 등 다양한 형태로 생산되어 호신용, 경비용, 다중범죄 진압용 등으로 이용되고 있다.

2. 분사기 소지의 법적 근거

1) 분사기 소지허가

분사기와 전자충격기 등을 소지하고자 하는 사람은 「총포·도검·화약류 등의 안전관리에 관한 법률」 제12조의 규정에 의하여 관할경찰서장의 소지허가를 받아야 소지하고 사용할 수 있다. 다만 20세 이상자만 소지사용이 허용된다.

(1) 개인에 대한 소지허가 규정은 「총포·도검·화약류 등의 안전관리에 관한 법률」 제12조 1항 및 동 시행령 제14조 1항 8호에 소지허가 규정이 있다.

(2) 법인(각 금융기관 및 경비업체 포함)과 국가기관, 지방자치단체 및 공공기관에 대한 경비용 소지허가 규정은 「총포·도검·화약류 등의 안전관리에 관한 법률」 제12조 2항 및 동 시행령 제14조 1항 10호의 나항에 경비용 분사기의 소지허가 규정이 명시되어 있다.

2) 분사기 휴대 및 사용

(1) 경비원의 분사기 휴대 및 사용에 관하여 「경비업법」 제16조의 2(경비원의 장비 등)는

① 경비원이 휴대할 수 있는 장비의 종류는 경적·단봉·분사기 등 행정자치부령으로 정하되, 근무 중에만 이를 휴대할 수 있다.

② 경비업자가 경비원으로 하여금 분사기를 휴대하여 직무를 수행하게 하는 경우에는 「총포·도검·화약류 등의 안전관리에 관한 법률」에 따라 미리 분사기의 소지허가를 받아야 한다.

③ 누구든지 제1항의 장비를 임의로 개조하여 통상의 용법과 달리 사용함으로써 다른 사람의 생명·신체에 위해를 가하여서는 아니 된다.

④ 경비원은 경비업무를 위하여 필요하다고 인정되는 상당한 이유가 있을 때에는 필요한 최소한도에서 제1항의 장비를 사용할 수 있다.

⑤ 그 밖의 경비원의 장비 등에 관하여 필요한 사항은 행정자치부령으로 정한다고 규정하여 분사기의 휴대 및 사용에 대해 명확히 하고 있다.

(2) 경비원의 휴대장비에 관하여 「경비업법 시행규칙」 제20조(경비원의 휴대장비)는 1항에서 "경비원은 근무 중 경적, 단봉, 분사기, 안전방패, 무전기 및 그 밖에 경비 업무 수행에 필요한 것으로서 공격적인 용도로 제작되지 아니하는 장비를 휴대할 수 있으며, 안전모 및 방검복 등 안전장비를 착용할 수 있다."라고 규정하고 있다.

3) 타기관 분사기 휴대 및 사용

(1) 경찰관의 분사기 사용에 관하여는 「경찰관직무집행법」 제10조의 3(분사기 등의 사용)에서 "경찰관은 범인의 체포 · 도주의 방지 또는 불법집회 · 시위로 인하여 자기 또는 타인의 생명 · 신체와 재산 및 공공시설안전에 대한 현저한 위해의 발생을 억제하기 위하여 부득이한 경우 현장책임자의 판단으로 필요한 최소한의 범위 안에서 분사기 또는 최루탄을 사용할 수 있다."라고 규정하고 있다.

(2) 청원경찰의 분사기 소지 · 사용에 관하여 「청원경찰법 시행령」 제15조(분사기 휴대)는 "청원주는 「총포 · 도검 · 화약류 등의 안전관리에 관한 법률」에 따른 분사기의 소지허가를 받아 청원경찰로 하여금 그 분사기를 휴대하여 직무를 수행하게 할 수 있다."라고 규정하고 있다.

4) 분사기 불법소지 · 사용의 벌칙

(1) 벌칙

분사기의 불법소지·사용에 대하여는「총포·도검·화약류 등의 안전관리에 관한 법률」제71조(벌칙) 1호(소지규정위반)는 소지규정 위반자에 대해서 '5년 이하 징역 또는 1천만원 이하의 벌금'에서부터 제72조 보관명령위반, 검사 거부 등 제73조 미신고, 거짓신고 등 사안에 따라 벌칙규정이 있다.

(2) 형의 병과

동법 제75조(형의 병과)에서는 "제70조부터 제73조까지의 규정에 따라 처벌할 때에는 징역과 벌금형을 함께 과할 수 있다."라고 형의 병과를 규정하고 있어 위반자에 대해 엄중한 처벌을 하고 있다.

(3) 양벌규정

동법 제76조(양벌규정)에서는 "법인의 대표자나 법인 또는 개인의 대리인, 사용인, 그 밖의 종업원이 그 법인 또는 개인의 업무에 관하여 제70조부터 제73조까지의 어느 하나에 해당하는 위반행위를 하면 그 행위자를 벌하는 외에 그 법인 또는 개인에게도 해당 조문의 벌금형을 과한다. 다만, 법인 또는 개인이 그 위반행위를 방지하기 위하여 해당 업무에 관하여 상당한 주의와 감독을 게을리하지 아니한 경우에는 그러하지 아니하다."라고 규정하여 행위자는 물론 그 법인에게까지 처벌하는 양벌규정을 두어 엄격하게 하고 있다.

5) 분사기 소지의 결격사유

「총포·도검·화약류 등의 안전관리에 관한 법률」제13조(총포·도검·화약류·분사기·전자충격기·석궁 소지자의 결격사유 등)에서 분사기의 소지허가에 대하여 결격사유를 아래와 같이 명시하고 있다.

(1) 다음 각 호의 어느 하나에 해당하는 자는 총포·도검·화약류·분사기·전자충

격기·석궁의 소지허가를 받을 수 없다.

1. 20세 미만인 자. 다만, 대한체육회장이나 특별시·광역시·특별자치시·도 또는 특별자치도의 체육회장이 추천한 선수 또는 후보자가 사격경기용 총을 소지하려는 경우는 제외한다.
2. 심신상실자, 마약·대마·향정신성의약품 또는 알코올 중독자, 정신질환자 또는 뇌전증 환자로서 대통령령으로 정하는 사람
3. 금고 이상의 실형을 선고받고 그 집행이 끝나거나 면제된 날부터 5년이 지나지 아니한 자
4. 이 법을 위반하여 벌금형을 선고받고 5년이 지나지 아니한 자
5. 「특정강력범죄의 처벌에 관한 특례법」 제2조 제1항 각 호의 어느 하나에 해당하는 특정강력범죄를 범하여 벌금형의 선고 또는 징역 이상의 형의 집행유예를 선고받고 그 유예기간이 끝난 날부터 5년이 지나지 아니한 자
6. 이 법을 위반하여 금고 이상의 형의 집행유예를 선고받고 그 유예기간이 끝난 날부터 3년이 지나지 아니한 자

6의2. 다음 각 목의 어느 하나에 해당하는 죄를 범하여 벌금형을 선고받고 5년이 지나지 아니한 사람

가. 「형법」 제114조의 죄

나. 「형법」 제257조제1항·제2항, 제260조 및 제261조의 죄

다. 「아동·청소년의 성보호에 관한 법률」 제7조 및 제8조의 죄

6의3. 「도로교통법」 제148조의2의 죄(이하 "음주운전 등"이라 한다)로 벌금 이상의 형을 선고받은 날부터 5년 이내에 다시 음주운전 등으로 벌금 이상의 형을 선고받고 그 집행이 종료(집행이 종료된 것으로 보는 경우를 포함한다)되거나 집행이 면제된 날부터 5년이 지나지 아니한 사람

7. 제45조 또는 제46조 제1항에 따라 허가가 취소된 후 1년이 지나지 아니한 자

(2) 지방경찰청장 또는 경찰서장은 다른 사람의 생명·재산 또는 공공의 안전을 해칠 우려가 있다고 인정되는 경우에는 제1항 각 호의 어느 하나에 해당하지 아니

하는 자에 대해서도 총포·도검·화약류·분사기·전자충격기·석궁의 소지허가를 하지 아니할 수 있다.

(3) 지방경찰청장 또는 경찰서장은 위장(僞裝)한 총포·도검·화약류·분사기·전자충격기·석궁 또는 그 구조와 기능이 행정안전부령으로 정하는 기준에 적합하지 아니한 총포·분사기·전자충격기·석궁의 소지허가를 하여서는 아니 된다라고 규정하여 엄격하게 규제하고 있다.

3. 분사기의 분류 및 성능

분사기는 「총포·도검·화약류 등의 안전관리에 관한 법률」에서 총포형 분사기, 막대형 분사기, 만년필형 등 기타 휴대형 분사기로 분류하는데, 이는 형태(모양)에 따른 분류라고 볼 수 있다. 또한 분사기 구조 및 성능에 따라 분말식분사기와 액체식분사기로, 소지 목적에 따라 호신용, 경비용, 치안용 분사기로 분류된다.

1) 형식에 따른 분류

(1) 권총형 분사기

현재 외근경찰관들과 경비업무를 담당하는 사람들이 휴대하는 분사기로 3~5회 연발이 가능하며, 사거리는 3~7m이나 이 역시 효과가 큰 거리는 2~3m에서 쏠수록 효과가 있으며, 호신용, 경비용, 범인검거 및 범죄진압 등 치안용으로 널리 이용되고 있다.

(2) 원통형 · 막대형 분사기

원통형 분사기는 휴대가 간편하도록 제조된 원터치방식의 분사기로 다량의 약제 살포가 가능하며 간편한 기계적 원리로 되어있고, 정확한 조준력과 리필탱크사용으로 약제교환이 간편하다. 막대형 분사기 또한 액체 및 분말약제로 생산되며 부피가 커서 소지하는 데 약간의 제한이 있으나, 분말식 분사기의 경우 경비용으로 많이 사용되고 있다.

(3) 만년필형 및 기타 휴대형 분사기

만년필형 분사기도 간편한 기계적 원리로 원터치방식이며 정확한 조준력과 상의 포켓에 꽂고 다닐 수 있어 호신용으로 많이 사용한다. 이 외에도 휴대에 간편한 스프레이식 핸드폰형 등 다양한 종류로 생산되고 있다.

2) 약제에 의한 분류

(1) 분말식 분사기

약제통 내부에 분말을 넣어 압축되어 있는 가스의 압력으로 분말을 외부로 분출시킬 수 있도록 만들어진 분사기로 아래와 같은 장·단점이 있다.

① 장점

㉠ 분사되는 약제량이 액체식에 비해 많고, 반경이 넓고 멀리 분사되어 다수의 범인을 제압하는 데 더 효과적이다(특히 막대형의 경우).

㉡ 분사되는 약제의 매운 성분이 액체식에 비해 더 강력하다.

㉢ 분사되는 약제의 유효기간이 액체식에 비해 월등히 길어 경제적이다.

㉣ 추위와 더위에 민감하지 않아 사계절 사용이 가능하다.

② 단점

㉠ 모양을 권총형이나 소형, 경량화하기 어렵다.

㉡ 분사 시 바람의 영향을 많이 받는다.

(2) 액체식 분사기

약제통 내부에 액체로 되어있는 작용제를 넣어서 강압되어 있는 냉매(압축가스)를 통해 작용제를 외부로 분출시킬 수 있도록 만들어진 것으로 아래와 같은 장·단점이 있다.

① 장점

㉠ 권총모양 등 형태를 다양화할 수 있고, 경량화시킬 수 있다.

㉡ 짧게 여러 번 나누어서 단발부터 약 5회까지 분사할 수 있다.

㉢ 바람의 영향을 분말식에 비해 많이 받지 않는다.

② 단점

㉠ 분말식에 비해 약제량이 적으며 매운 성분이 약하다.

㉡ 약제의 유효기간이 짧아 비경제적이다.

㉢ 점사식분사로 한 발씩 분사할 경우 분사거리가 짧아진다.

㉣ 일단 한 번이라도 분사하고 나면 약제의 잔량을 측정할 수 없어 다음에 분사하고자 할 때 분사가 되지 않는 경우도 있다.

㉤ 언제든지 사용할 수 있게 하기 위하여 약제통을 지속적으로 교환하여야 하므로 유지비가 많이 든다.

㉥ 추위와 더위 등 온도변화에 민감하여 약제통 내부의 압력이 수축 또는 팽창하여 추울 때는 분사효과가 떨어지고, 더울 때는 압력팽창으로 자연 분사되는 경우가 있다.

표 2 분말식과 액체식 분사기의 성능 비교

구분	분말식 분사기	액체식 분사기	비고
약제효과	강함	약함	
약제량	많음	적음	
유효거리	길다(5~7m)	짧다(3~5m)	유효거리 2~3m
분사범위	넓음	좁음	
소형화	어려움	가능	
경량화	어려움	가능	
연발분사	제한적	가능	
경제성	경제적(약 24개월)	비경제적(약 18개월)	약제 유효기간
바람영향	매우 크다	적음	

3) 소지목적에 따른 분류

(1) 호신용 분사기

치한의 습격이나 각종 범죄 등의 위험으로부터 자신을 보호하기 위한 목적으로 소지하는 분사기이다. 호신용분사기는 휴대가 간편하면서 사용이 용이하도록 소형의 액체형 분사기가 주로 많이 쓰이고 있는데, 만년필용 등 그 종류가 매우 다양하다.

(2) 경비용 분사기

경비를 목적으로 소지하는 분사기로 경비용 분사기는 호신용 분사기와 달리 약제량이 많고 다수의 범인을 제압하는 데 용이하며, 약제의 유효기간이 비교적 길어 경제적인 분말식 분사기를 많이 사용한다. 대표적으로 막대형 분사기가 있다.

(3) 치안용 분사기

주로 경찰 등에서 민생치안과 집회·시위 진압을 위해 사용되는 분사기로 이 분사기에는 호신용이나 경비용 등 일반분사기 약제로는 사용이 금지되어 있는 최루작용제를 내장하여 사용할 수 있고, 특히 범인검거나 범죄진압 등은 물론 경찰업무수행에 다량의 약제를 분사할 수 있도록 제조되어 경찰장비로 사용하고 있다.

4. 분사기의 특성

1) 분사기의 형태별 특징

(1) 분말식분사형

분말식분사형은 약제량이 많고 발사거리가 5~7m로 액체식보다 멀리 넓게 나가기 때문에 다수의 상대방을 제압하기 적당하다. 또한 분말을 사용하기 때문에 액체식보다 유효기간이 길어 관리측면에서 유리하여 경비용으로 많이 사용하고 있다.

그러나 경량화하기 어렵고, 계속적인 발사방식을 채택하기 어렵다. 분말을 사용하기 때문에 바람의 영향을 많이 받을 수 있다는 점이 단점으로 지적 될 수 있으므로 사용할 때는 바람을 등지고 사용하는 방식을 취해야 한다.

(2) 액체식분사형

액체식분사형은 압축가스를 이용하고 스프레이의 작동원리에 의한다. 휴대하기가 편리하고 현장에서 여러 번 짧게 나누어 분사할 수 있어 현재 외근경찰관들과 경비업무는 물론 호신용 등으로 널리 이용되고 있다.

그러나 온도변화에 민감하여 약제통 내부의 압력이 수축 또는 팽창하여 추울 때는 분사효과가 떨어지고, 더울 때는 압력팽창으로 자연 분사되는 경우가 있다.

(3) 리벌버형

리벌버형은 경찰에서 사용하는 38구경 권총과 마찬가지로 화약의 폭발로 인하여 탄피 내에 들어있는 최루액을 발사하는 방식으로 보통 5연발이 주를 이루고 있다.

현재 국내에서는 경찰이 사용하는 권총과 외형이 흡사하여 제조가 금지되었으나, 해외에서 들여와 사용 가능성이 있어 주의가 필요하다.

2) 분사기별 특성 비교

분말식분사형과 액체식분사형, 리벌버형의 제품에 대한 특징은 다음과 같다.

표 3 분사기별 특성 비교

구분	분말식분사형	액체식분사형	리벌버형
주요 사용처	경비용	일반용	일반용
분사 거리	3~7m	3~5m	3~5m
분사물질의 형태	분말(가루)	액상	액상
분사방식	압축가스	압축가스	화약폭발
총성여부	없음	없음	있음

5. 분사기 사용법

1) 분사기 사용법 숙지의 필요성

경비원은 항상 범죄를 감시하는 입장에 있다. 이런 면에서 언제든지 현행범인과 마주칠 수 있으며, 유사시 자신의 생명·신체를 보호해야 하는 수단 중 하나가 호신용 장구인 분사기이다.

그러나 정작 분사기를 사용하고자 할 때에 당황하거나 분사기에 대한 올바른 사용법을 몰라 제대로 사용하지 못하고 속수무책으로 당하는 경우가 있다. 특히 경비원 중 많은 수가 연령이 높은 사람들이기 때문에 인지능력이나 대처방법이 둔해 오히려 해를 당할 우려가 많다. 이런 측면에서 분사기에 대한 올바른 사용법을 사전에 숙지해야 할 필요가 있다.

2) 분사기 사용원칙

(1) 경비업무 목적으로 사용

경비업무 수행 중 소지하는 분사기는 경비용이며, 경비업법에 의해 정해진 업무를 수행하고 있는 것이다. 따라서 목전의 위험에 대한 대처 방법으로 분사기를 사용하였다면 경비업무 목적에 부합한다고 할 수 있다. 그러나 이권다툼이나 주민과의 갈등 등에 대하여 위력을 과시하거나 위협하는 등의 물리력을 행사한다면 사용목적에 부합한다고 할 수 없다.

(2) 최소한도 내에서 방어목적으로 사용

분사기 소지의 근본 목적은 방어를 위한 것이다. 순찰 중 거동수상자를 발견하였더라도 신분확인 등 거동행위에 대한 확인 중 기습공격을 해 올 때에도 방어를 위해 필요한 최소한도 내에서 사용해야 한다.

(3) 적법한 범위 내에서 사용

분사기의 사용은 반드시 현행범인 체포나 정당방위 등 필요한 최소한의 적법한 범위 내에서 사용해야 한다.

3) 사용을 위한 관리

분사기는 항상 "언제든지 사용할 수 있게 하라"는 원칙에 따라 관리되어야 한다. 즉, 유효기간이 지났는지, 기기작동은 제대로 되는지 등을 지속적으로 관리해야 한다. 경비원은 근무 중 현행범과 조우했을 때 신속 과감하게 분사기를 적절히 사용하기 위해서는 근무 중 언제든지 사용가능한 곳에 비치·보관하여야 하며, 평소 사용법을 숙지해야 유사 시 당황하지 않고 사용할 수 있다. 또한 예비약제 등을 구비하여 대비하면 유사시에 효과적이다.

4) 분사기의 휴대

분사기를 휴대할 때에는 반드시 소지허가증과 함께 소지해야 하며, 휴대방법은 일반적으로 허리 휴대와 어깨 휴대의 방법이 있다.

(1) 허리 휴대법

보편적인 방법으로, 갑작스러운 범인의 출현 등에 즉각 대응이 가능하여 근무 중 가장 많이 활용하는 일반적인 방법이다.

(2) 어깨 휴대법

호송이나 신변보호 등 비노출 업무 수행 중 주로 사용하는 방법으로 분사기 소지의 노출방지 효과가 있다.

5) 분사기 사용방법

(1) 분말식 분사기

① 약제를 장전한다.

② 안전장치를 해제(off에서 on으로 위치 변경)한다.

③ 목표물을 신속정확하게 조준, 과감하게 분사한다.

④ 사용 시 주의사항

㉠ 분말은 바람의 영향이 크므로 반드시 바람을 등지고 사용해야 한다.

㉡ 분말에 자신이 피해를 입지 않도록 각별한 주의가 필요하다.

㉢ 분말식 분사기는 안전장치 작동이 상하로 되는 경우가 많으나, 제품에 차이가 있을 수 있으므로 사용법의 숙지가 필요하다.

(2) 액체식 분사기

① 약제를 장전한다.

② 안전장치를 해제(off에서 on으로 위치 변경)한다.

③ 목표물을 향해 신속 정확하게 조준, 방아쇠를 당겨 과감하게 분사한다.

④ 제압여부를 확인한 다음 약제발사 여부를 신속히 판단한다.

⑤ 사용시 주의사항

㉠ 가급적 바람을 등지고 사용한다.

㉡ 실린더가 왼쪽으로 회전하므로 최초 분사 약제는 1시 방향에 장전(리벌버형)해야 한다.

㉢ 권총과 유사하고 총성이 있으므로 반드시 분사기라고 분명하게 경고(리벌버형)해야 한다.

㉣ 안전장치는 제품의 차이가 있을 수 있으므로 반드시 사용법 숙지 후 사용한다.

6) 파지 및 조준방법

(1) 파지방법

파지는 한손 파지와 두 손 파지방법이 있으며, 두 손 파지는 다시 감싸서 파지와 받쳐 파지하는 방법이 있고, 가급적 두 손으로 파지하는 것이 안정적이라 할 수 있다.

(2) 조준방법

① 신속히 분사기를 한 손 또는 두 손으로 편리하게 파지 후 목표물을 향한다.

② 파지한 손은 자신의 신체로부터 가급적 멀리 이격하여 조준(약제피해의 최소화)한다.

③ 조준은 가늠자와 가늠쇠를 범인 안면부와 일치시키며, 조준점은 범인의 인중을 조준한다.

7) 사후조치

(1) 신속히 역습에 대비한다.

① 분사기의 명중여부 확인 후 제2발 발사 준비한다.

② 명중 시 범인 제압 및 주변 도움을 받을 수 있을 때는 즉시 도움을 요청한다.

③ 제압이 불가능한 경우 신속하게 그 자리를 피해야 한다.

(2) 제압한 범인은 즉시 경찰에 인계하고 현장보존과 피해품, 증거물 등을 확보하여 경찰 수사에 협조한다.

(3) 부상자 발생 시 즉시 119 등에 구조 요청하고 응급처치를 해야 한다.

(4) 분사기를 사용한 후에는 손질 후 보충할 수 있는 약통 등을 충약·정비하여 언제든지 사용할 수 있게 보관한다.

6. 분사기의 관리 보관

1) 분사기의 점검 및 신고

(1) 분사기의 안전한 관리를 위하여 「총포·도검·화약류 등의 안전관리에 관한 법률」 제47조(공공의 안전을 위한 조치 등)에 따라 "허가관청은 재해 예방 또는 공공의 안전유지를 위하여 필요하다고 인정되는 경우에는 다음 각 호의 명령 또는 조치를 할 수 있다."라고 하여 분사기 소지허가의 취소 등의 조치를 할 수 있다.

(2) 분사기의 점검

분사기의 점검에 관하여는 동법 제47조(공공의 안전을 위한 조치 등)에서 "지방경찰청장 또는 경찰서장은 총포·분사기·전자충격기·석궁의 소지허가를 받은 자가 총포·분사기·전자충격기·석궁을 적정하게 소지하고 있는지를 조사하기 위하여 필요하다고 인정되는 경우에는 행정안전부령으로 정하는 바에 따라 총포·분사기·전자충격기·석궁에 대한 검사를 실시할 수 있다." 또한, "총포·분사기·전자충격기·석궁의 소지허가를 받은 자는 제6항에 따른 검사를 받아야 한다."라고 규정하고 있다. 따라서 관할경찰서 등 점검기관의 요구가 있을 때에는 분사기를 제시하고 관리상태의 점검을 받아야 한다.

(3) 분사기의 도난·분실 신고

분사기의 도난·분실에 관하여는 동법 제35조(도난·분실의 신고)의 규정에 의하여 총포·도검·화약류·분사기·전자충격기·석궁을 도난당하거나 잃어버렸을 때에는 그 소유자 또는 관리자는 지체없이 경찰관서에 신고하여야 한다.

2) 분사기 사용 · 관리상 주의사항

(1) 「총포·도검·화약류 등의 안전관리에 관한 법률」 제17조(총포·도검·분사기·전자충격기·석궁의 휴대·운반·사용 및 개조 등의 제한) 1항에서는 "제12조 또는 제14조에 따라 총포·도검·분사기·전자충격기·석궁의 소지허가를 받은 자는 허가받은 용도에 사용하기 위한 경우와 그 밖에 정당한 사유가 있는 경우 외에는 그 총포·도검·분사기·전자충격기·석궁을 지니거나 운반하여서는 아니 된다."라고 하여 엄격히 규제하고 있다.

(2) 분사기는 허가받은 용도에 맞게 사용하여야 하며 정당한 사유가 있는 경우 외에는 휴대, 운반, 남에게 빌려주는 등 규정 외에 사용해서는 아니 된다. 따라서 분사기를 휴대사용 할 때에는 소지허가증을 휴대하여야 한다.

(3) 장시간 직사광선 및 고온 노출을 피해야 한다.

(4) 음주 후의 취급은 절대 금하며, 총구를 사람에게 향해서는 안 된다.

(5) 약제의 유효기간을 수시 확인해야 하며, 성능이 좋은 상태에서 사용할 수 있도록 약제(통)를 교체 또는 충전하여 보관한다.

3) 분사기의 관리 보관

(1) 분사기를 구입하는 기관, 단체의 경비책임자는 관리카드를 작성·비치하고 정·부 책임자를 지정·관리해야 한다.

(2) 분사기를 사용하지 않을 때에는 안전장치를 잠그고 지정된 격납고나 시정장치가 있는 캐비닛 등에 넣어 보관해야 한다(도난방지 및 타인이 사용할 수 없도록 보관).

(3) 분사기의 파손, 균열, 기타 하자 발생 시 절대 사용을 금하며, 반환하거나 교환 등의 조치를 해야 한다.

(4) 분사기를 사용한 후에는 깨끗한 헝겊으로 약제를 닦은 후 보관하며, 병기기름을 작동부위에 바르면 작동효과가 높다.

제3절 단봉

1. 봉술의 개념

1) 봉술의 개요

(1) 경비원이 휴대할 수 있는 장비 중 단봉은 휴대가 간편한 휴대장비로 상대방이 흉기를 소지하여 맨몸으로 대적하기 어려울 때 용이하게 사용할 수 있는 장점이 있다.

(2) 우리나라의 봉술은 세계 여러 나라의 다양한 봉술보다 안전하고 다양하게 수련할 수 있도록 고안된 봉술로 소프트 봉을 사용한다.

(3) 단봉은 일반인은 물론 경호경비 및 경비, 보안업체 등에서 호신용, 경비용으

로 편리하게 사용하고 있다.

2) 단봉 수련의 목적

(1) 봉술의 수련체계는 실전에서 자신을 포함하여 여러 형태의 위해 수단으로부터 효과적으로 호신할 수 있도록 정립해 만들어 놓은 것이 봉술이다. 따라서 봉술은 다른 무술과 달리 단 몇 시간의 수련에도 간단히 호신기술을 익혀 실전에 투입할 수 있는 장점이 있다. 그러나 짧은 시간의 훈련으로 효과적인 공격과 방어 수단으로 하기에는 기술이 한정되어 있으므로 지속적인 수련을 통해 공격과 방어의 기술을 습득해야 한다.

또한 타인과 자신에 대한 동시 공격 및 방어기술과 다른 조와 팀을 이룬 방어기술은 자기수양을 위한 도를 목적으로 한 전통적인 무도와는 다소 차이를 두고 있다.

(2) 공격수단이 단순히 손과 발을 이용하는 수단이 아닌 도검류 등 흉기를 이용한 공격수단에 따른 특별한 방어 및 공격기술의 한계로 인하여 매우 심도 있는 연구가 필요한 무술이다.

2. 단봉 수련 기본자세

1) 단봉 착용 및 파지법

(1) 단봉 착용

단봉은 혁대의 좌측 허리 고리에 찬다. 단봉을 뺄 때는 45도 아래의 왼쪽 허리의 단봉을 보며 오른손으로 단봉을 잡아 뺀다.

(2) 단봉 파지

오른손으로 잡은 단봉은 단봉의 손잡이 위쪽 턱이 진 부분을 엄지와 검지로 하여 나머지 손가락 셋을 아래로 주먹을 꽉 쥔 모습으로 힘주어 잡는다.

2) 단봉 수련 기본자세

(1) 차렷

① 전방을 응시하며 부동자세를 취한다.

② 손은 바지 옆선에 위치하며 발의 모양은 45도를 유지한다.

(2) 뽑아 봉

① 오른발을 앞으로 내민다.

② 봉을 잡아 뽑는다. 이때 봉의 끝은 명치 끝에 둔다.

(3) 정면 머리치고 머리 막기

① 단봉을 머리 중앙으로 들어 올려 수직으로 내려친다. 이때 봉은 머리 위에서 멈춰 선다. 봉의 위치는 자신의 이마 위에 위치한다.

② 내려친 봉은 다시 돌아와 자신의 머리 위 15도 위에서 수평으로 막아선다. 머리치기 훈련은 상대가 치는 훈련에 방어 훈련을 하는 것이다.

(4) 어깨치기와 막기

① 단봉을 상대 머리 왼쪽 어깨 위에 사선으로 둔다.

② 상대의 좌 어깨를 45도 우에서 좌로 내려친다.

③ 내려친 봉은 다시 머리 왼쪽 어깨 위에 사선으로 둔다.

④ 상대의 우 어깨를 45도 좌에서 우로 내려친다.

3. 봉술 기본동작

기본동작은 경비원이 단봉을 사용하는 동작을 배우기 쉽게 만들어 놓은 것으로 머리치기, 손목치기, 허리치기, 다리치기, 찌름 동작이 있다.

(1) 머리치기

봉을 뽑아 상대의 정면 머리를 위에서 아래로 내려치는 동작을 말한다.

(2) 손목치기

봉을 뽑아 상대의 손목을 위에서 아래로 내려치는 동작을 말한다.

(3) 허리치기

봉을 뽑아 상대의 허리를 오른쪽 위에서 좌로 허리 중심부까지 사선으로(우에서 좌로) 내려치는 동작을 말한다.

(4) 다리치기

단봉을 뽑아 상대의 다리 정강이를 왼쪽 위에서 우로 내려치는 동작을 말한다.

(5) 찌름

단봉을 뽑아 상대의 명치를 찌르는 동작을 말한다.

(6) 이 외에도 상황에 따른 공격, 방어 동작이 있다.

제 7 장

호송경비실무

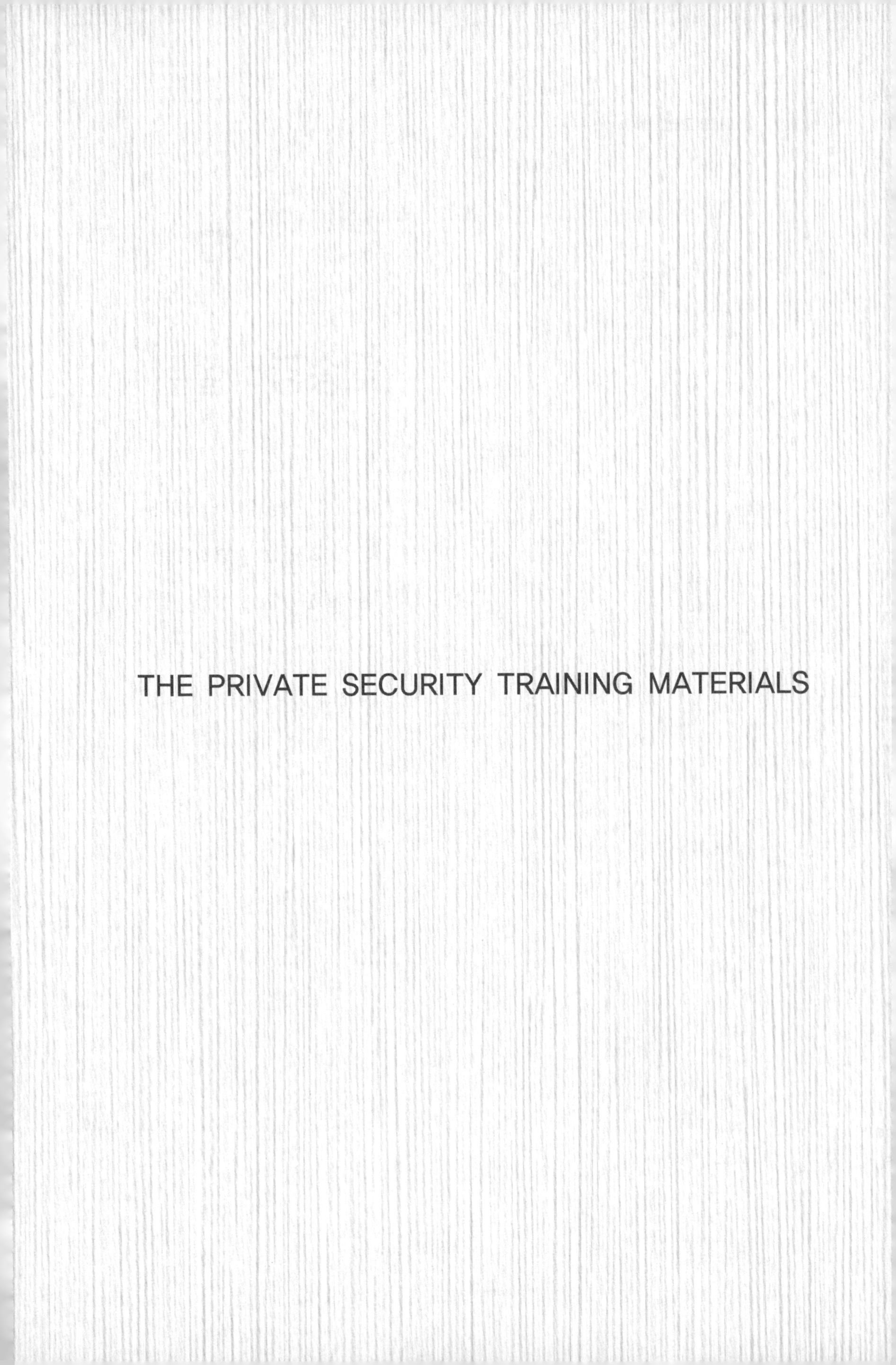
THE PRIVATE SECURITY TRAINING MATERIALS

제 7 장 호송경비실무

제1절 호송경비의 의의

1. 호송경비의 이해

1) 개요

민간경비업은 1960년대 미8군부대 경비가 시초가 되어 1976년 "용역경비업법"이 제정되면서 발전이 되었다.

2019년 기준 4,502개 업체 157,774명의 경비원이 종사하고 있으며 인력 위주의 단순경비에서 첨단장비 및 기술을 활용한 복합적 형태로 발전하고 있다.

코로나 감염병으로 인한 증가폭이 다소 주춤하지만 경제활동 등이 정상 운영 시 증가가 예상된다.

경비업 성장이 사회에 미치는 영향은 매우 다양하다. 그중에서도 치안자본 증대라는 측면에서 긍정적으로 평가할 수 있다.

그런데 경비업의 양적 증대가 그에 비례한 사회 안전성 강화를 확보할 것이라는 기대는 성급하다. 양적 성장에 따른 부작용 가능성도 배제할 수 없기 때문이다. 전문성이 결여된 '경비'는 악행방지 효과가 미약할 뿐만 아니라 오히려 범죄의 표적이 될 수도 있다. 호송경비는 이러한 우려가 실제로 발생하고 있는 분야이다.

호송경비분야가 전체 경비업종에서 차지하는 비율은 매우 낮다. 2019년 12월 말 현재 호송경비 업종은 37개로서 전체 업종 중 2% 미만이다.

이렇게 낮은 비율에도 불구하고 경비원 교육과목에 호송경비가 편성된 것은 업무의 위험성과 중요성이 반영된 것으로 이해할 수 있다.

인원 또는 장비 등의 안전한 이동을 확보하기 위한 일체의 경비지원활동을 호송경비라 할 수 있다. 이러한 호송경비는 경비대상에 따라 세분화된다.

그러나 본 교과에서 금융수송을 중심으로 소개하고자 한다. 현행 호송경비업체의 대다수가 금융수송과 관련되어 있기 때문이다.

2) 호송경비의 법적 근거와 의의

호송경비업은 1976년 12월 31일 법률 제2946호로 「용역경비업법」이 제정될 당시부터 경비업의 한 부분으로 제도화되었다. 현행 「경비업법」 상위 5개 경비업무(시설경비 · 호송경비 · 신변보호 · 기계경비 · 특수경비) 중 신변보호업무가 1995년에, 기계경비업무와 특수경비업무는 2001년에 신설된 것에 견주어 보면 한국의 민간경비가 제도화된 초창기부터 정착된 경비업의 주용 업무이다.

경비업법상 호송경비는 "운반 중에 있는 현금 · 유가증권 · 귀금속 · 상품 그 밖의 물건에 대하여 도난 · 화재 등 위험발생을 방지하는 업무"로 규정되어 있다(경비업법 제2조 1호 나목).

호송경비업을 영위하고자 하는 법인은 도급받아 행하고자 하는 경비업무를 특정하여 그 법인의 주사무소의 소재지를 관할하는 지방경찰청장의 허가를 받아야 한다. 도급받아 행하고자 하는 경비업무를 변경하는 경우에도 또한 같다(동법 제4조 1항).

호송경비 허가를 위한 경비인력, 자본금, 시설 및 장비는 경비업법시행령 별표 1에 명시되어 있다. 경비인력은 무술유단자인 일반경비원 5명 이상, 1억 원 이상의 자본금, 기준경비인력 이상의 사람을 동시에 교육할 수 있는 교육장, 호송용차량 1대 이상, 현금호송백 1개 이상, 기준 경비 인력 수 이상의 경비원 복장 및 경적, 단봉, 분사기를 갖춰야 한다.

다만, 하나의 경비업무에 대한 시설을 갖춘 경비업자가 그 외의 경비업무를 추가로 하고자 하는 경우에는 경비인력이 더 많이 필요한 경비업무에 해당하는 교육장을 갖추어야 한다.

'무술유단자'란 대한체육회에 가맹된 단체 또는 문화체육관 광부에 등록된 무도관련 단체가 인정한 자에 한한다. '호송용 차량'이란 현금이나 그 밖의 귀중품의 운반에 필요한 견고성 및 안전성을 갖추고 무선통신시설 및 경보시설을 갖춘 자동차를 말한다. '현금호송백'이란 현금이나 그 밖의 귀중품을 운반하기 위한 이동용 호송장비로서 경보시설을 갖춘 것을 말한다.

호송경비원의 결격사유는 「경비업법」 제10조에서 정하고 있다.

① 만 18세 미만인 자, 피성년후견인(금차산자), 피한정후견인(한정치산자)

② 파산선고를 받고 복권되지 아니한 자

③ 금고 이상의 실형의 선고를 받고 그 집행이 종료되거나 집행이 면제된 날부터 5년이 지나지 아니한 자

④ 금고 이상의 형의 집행유예선고를 받고 그 유예기간 중에 있는 자

⑤ 「형법」 제114조의 죄, 「폭력행위 등 처벌에 관한 법률」 제4조의 죄에 해당하는 죄를 범하여 벌금형을 선고받은 날부터 10년이 지나지 아니하거나 금고 이상의 형을 선고받고 그 집행이 종료된 날 또는 집행이 유예·면제된 날부터 10년이 지나지 아니한 자

⑥ 「형법」 제297조, 제297조의2, 제298조부터 제301조까지, 제301조의2 및 제332조부터 제343조까지의 죄, 「성폭력범죄의 처벌 등에 관한 특례법」 제3조부터 제11조까지 및 제15조(제3조부터 제9조까지의 미수범만 해당한다)의 죄, 「아동·청소년의 성보호에 관한 법률」 제7조 및 제8조의 죄, 위에 해당하는 죄로서 다른 법률에 따라 가중 처벌되는 죄를 범하여 벌금형을 선고받은 날부터 5년이 지나지 아니하거나 금고 이상의 형을 선고받고 그 집행이 유예된 날부터 5년이 지나지 아니한 자

⑦ 제6호 각 목의 어느 하나에 해당하는 죄를 범하여 치료감호를 선고받고 그 집행이 종료된 날 또는 집행이 면제된 날부터 5년이 지나지 아니한 자

⑧ 이 법이나 이 법에 따른 명령을 위반하여 벌금형을 선고받은 날부터 5년이 지나지 아니하거나 금고 이상의 형을 선고받고 그 집행이 유예된 날부터 5년이 지나지 아니한 자이다. 경비업자가 결격사유에 해당하는 자를 호송경비원으로 채용 또는 근무하게 하는 것은 금지하고 있다.

호송경비허가를 받은 법인(경비업자)은 호송경비업무를 수행하기 위하여 관할경찰서의 협조를 얻고자 하는 때에는 현금 등의 운반을 위한 출발 전일까지 출발지의 경찰서장에게 호송경비통지서(전자문서로 된 통지서를 포함한다)를 제출하여야 한다(「경비업법 시행규칙」 제2조).

호송경비업자는 「경비업법 시행규칙」 제24조 1항의 규정에 의하여 경비업무를 수행하기 위하여 20일 이상 경비원을 배치하거나 그 기간을 연장하려는 때에는 경비원을 배치한 후 7일 이내에 경비원 배치신고서(전자문서로 된 신고서를 포함한다)를 배치지를 관할하는 경찰관서장에게 제출하여야 한다(기존 금치산자. 한정치산자는 2013.7.1. 민법개정으로 '성년후견인제도'로 개정).

3) 호송경비의 중요성

사 례

오전 9시경 모 초등학교 앞길에서 공기총으로 보이는 총기와 쇠파이프를 든 3인조 복면강도가 은행직원 4명이 탄 현금수송차량을 급습해 현금 가방을 탈취해 달아났다. 현금 2억 원과 수표 등 7억 3천만 원이 들어 있었다.

범인들은 이날 승용차를 타고 은행에서 공군장병들에게 지급할 월급을 수령해 싣고 가던 승용차를 쫓아와 오른쪽 뒤 범퍼를 들이받았다. 범인들은 이어 추돌충격으로 중앙분리대에 걸쳐 선 승용차의 앞 유리창을 쇠파이프로 파손한 뒤 총기로 위협, 직원에게 열쇠를 빼앗아 트렁크에서 현금가방을 탈취했다.

범인들은 스포티지 승용차는 현장에 버리고 도로 반대편에서 대기 중이던 번호 미상의 흰색 중형 승용차를 타고 도주했다.

위 사례의 범인들은 사전모의와 답사를 통해 범행을 실행했다. 은행직원 4명은 가스총 등을 휴대하고 있었지만 적절한 대응을 하지 못했다. 피탈의 위험성이 높은 경우 그에 합당한 안전확보 대책을 수립해야 한다. 만약 당시 상황에서 호송경비에 의한 수송 또는 이동차량에 대한 호송지원을 실시했다면 범죄적 상황을 피할 수 있었을 것이다.

2. 호송경비업무의 종류

1) 현금호송업무

현금호송업무는 은행 등 금융기관에서 주로 이루어진다. 은행의 현금호송업무는 한국은행과 시중은행 간 그리고 시중은행 본점과 지점 간에 이루어지고 있다.

은행 간 현금호송업무는 은행연합회에서 출자하여 설립한 한국금융안전㈜에서 전담하고 있다. 은행 등 금융기관은 국가중요시설에 해당되며 국가 경제 및 지역경제에 미치는 영향이 크다. 따라서 안전하고 정확한 현금호송경비업무가 이루어짐으로써 사회전체의 필요한 유통자금의 질서가 유지되어 경제기반이 튼튼해지는 것이다.

이외에도 현금호송업무는 카지노, 대형판매업소 등 현금을 다량으로 취급하는 업소에서도 이루어지고 있다.

2) 어음, 수표의 수송업무

현금과 다름없는 어음, 수표의 교환 지출과 수입을 위한 호송업무는 한국은행과 시중은행 간 그리고 시중은행 본점과 지점 간에 이루어진다. 한국은행과 시중은행 간에 어음, 수표 실물을 각 은행 자금부와 한국은행 부속 금융결제원 간에는 한국금융안전㈜가 현금에 준하여 1일 1회 호송한다.

시중은행 본점과 지점 간의 지출업무는 지점에서 본점 어음교환소로 호송하며 수입업무는 본점 어음교환소에서 지점으로 호송한다.

호송경비 차량운행의 지연은 어음, 수표의 교환이 지연되는 원인이 되므로 반드시 운행시간표대로 실시되어야 한다.

3) ATM의 보충업무

은행의 무인점포를 비롯하여 편의점 등 많은 사람들이 이용하는 시설과 장소에 ATM이 설치되어 현금 입출금을 비롯한 간단한 은행업무가 이루어지고 있다.

ATM운용에 필요한 현금호송업무는 각 은행별로 호송경비업무를 허가받은 민간경비업체를 이용하고 있다.

ATM에 관련된 업무내용은 일부 기계경비업무와 연계되어 있는데, ATM의 현금 카세트의 보충과 회수, 시설개폐 시의 원격제어, 기기의 이상 작동에 대한 대응 등이다.

4) 기타 귀중품 호송경비업무

귀중품 호송경비업무는 미술품 및 문화재의 운반, 귀금속, 중요 문서, 귀중한 동식물 그 외 경제적 가치가 있는 것 등의 안전한 운송을 담당하는 업무이다.

귀중품 호송경비의 형태는 경비업무만을 담당하는 유형과 경비업자가 수송업무와 경비업무를 병행하는 유형이 있다.

제2절 사고사례와 호송경비 요령

1. 호송경비 중 현금 피탈 사례

1) 2018년 8월 7일 천안에서 현금수송업체 직원이 호송현금 2억을 훔쳐 천안의 한 대형마트 옆에 미리 대기 주차해둔 자신의 승용차에 싣고 평택 방향으로 도주한 사건.

2) 2016년 8월 9일 경기 광명시 화상경마장 ATM에 현금입금 중이던 경비원 이모(19세) 등 2명이 1억 원을 훔쳐 도주한 사건.

3) 2014년 3월 10일 경부고속도로 부산 요금소에 주차해 있던 고속도로 통행료 수거하는 수송차량을 수송업체 전 직원이였던 설 모씨(25세)가 현금 2억 1천 9백만 원을 절취하여 도주한 사건.

4) 2011년 10월 26일 천안 성정동 한 도로에서 현금수송차량에 괴한이 침입, 둔기로 운전자를 마구 때린 뒤 5천만 원이 든 가방을 탈취한 사건.

5) 2010년 12월 31일 오후 1시 10~30분 사이에, 경상북도 구미시 부곡동 구미대학 긍지관 앞에 주차된 현금수송차량에서 한 남성이 5억 4천만 원 상당의 현금을 훔쳐 달아난 사건.

수송업체 직원들이 구미1대학 구내식당에서 점심식사를 하는 20여 분 사이에 도구를 이용해 차량 오른쪽 문을 부수고 들어가 차량 내 현금을 훔쳐 달아났으며, 내부에 설치된 CCTV 메모리칩까지 빼돌리는 용의주도함까지 보였다. 이 때문에 경찰에서는 전직 보안업체 직원이나 동종범죄 전과자를 중심으로 용의자 파악에 들어갔다.

CCTV의 HDD가 복원되면서 당시 범행 중이던 용의자의 외형을 확보하는 데 성공, 뉴스 자료를 통해 스크린샷을 인터넷에 배포했으며, 해당 동영상을 기초로 전국에 수배전단을 내렸다. 도난당한 금액이 워낙 커서 신고자에게 포상금을 줄 '계획'까지 세웠을 정도.

1월 3일에 김 모(28), 이 모(28), 곽 모(28) 용의자 3명을 자체 수사로 검거했다. 이 중 이 모 용의자는 경비업체에서 6개월간 근무한 경험이 있는 사람이었고, 김 모 용의자는 해당 현금수송차량을 운용하는 업체에 근무 중인 사람이었다. 범행 동기는 도박에서 진 빚을 갚기 위해서였다고 하는데, 곽 모 용의자의 원룸 등에 보관되어 있는 거의 대부분의 금액을 회수하는 과정에서 구멍난 1400여 만 원이 원룸 임대료와 유흥비로 빠져나갔다는 사실이 확인되었다. 애초에 빚 갚을 생각 따위는 전혀 없었거나 아니면 우선순위를 한참 뒤로 미뤘던 모양이다. 참고로 도난당한 현금은 처음에 5억 3천만 원인 것으로 알려졌으나 회사 측에서 다시 집계한 결과 5억 4천만 원 정도였다고 하며, 그 때문에 언론에서는 이 사건의 마무리 기사 타이틀을 처음의 5억 3천만 원 탈취 사건에서 구미 현금수송차량 탈취 사건으로 바꿔 썼다.

6) 2010년 9월 10일 경남 창원시 소재 은행에서 현금정리 중 다른 경비원의 감시가 소홀한 틈을 이용, 경비원이 현금 5억 원을 절취하여 도주한 사건.

7) 2009년 7월 20일 경부고속도로 죽암 휴게소에서 현금 자동출납기에 현금을 공급하던 경비원의 현금가방(3천만 원)을 절취, 대기 중이던 승용차에 싣고 도주한 사건.

8) 2009년 7월 24일 서울 영풍문고 앞에서 현금자동출납기에 현금공급을 위해 정차 중이던 호송차량의 뒷유리를 파손, 운전자 하차 유도 후, 차량 탈취를 시도한 사건.

9) 2008년 5월 17일 서울 강남구 청담동 모 편의점 앞에서 현금 2억 6천 700만 원을 실은 수송차량을 도난한 사건.

10) 2005년 10월 14일 진주시 대평면 내촌리 정자 근처에서 괴한 3명이 승용차로 현금 1억 5천만 원을 실은 수송차량과 추돌사고를 낸 뒤 차량 탈취를 시도한 사건.

11) 2003년 10월 20일 포항시 남구 모 아파트 근처에서 현금 2억 9천 400만 원이 든 수송차량을 도난한 사건.

12) 경기도 용인시 처인구 마평동 도로에서 현금 7천 450여만 원과 수표 780만 원을 운반하던 KT&G 용인지사의 현금수송차량을 렌터카로 가로막은 뒤 뒷문을 열고 돈을 빼앗아 오토바이를 타고 달아난 사건.

13) 2002년 1월 22일 오전 9시 41분경 서울 강남터미널 경부선 대기실 앞에서 현금지급기의 현금을 채우려던 수송차량 직원들이 현금 1억 원이 든 가방을 20대 2명의 괴한들한테 탈취당했다. 보안업체 직원 2명이 터미널 내 s은행

현금 지급기에 현금을 채우기 위해 1억 원이 든 수송가방을 들고 대합실로 이동하던 중 검은색 오토바이가 다가와 날치기한 사건.

14) 2001년 12월 충남 아산시 온천동 농협 아산지점 앞에서 농협직원이 잠시 자리를 비운 틈을 타 현금수송차량의 창문을 벽돌로 깨고 현금 6천만 원이 든 가방과 가스총 2정을 탈취한 사건.

2. 금융기관 상대 범죄유형 및 방지대책

1) 금융기관 상대 범죄유형

금융기관을 상대로 하는 범죄의 유형은 다음과 같다.

① 영업시간 중에 점포 내에 침입 현금 등의 강(절)취

② 점포주변에 대기하고 있다가 출입고객의 현금 등의 강(절)취

③ 운송 중에 있는 현금을 강(절)취

④ 야간, 공휴일에 점포에 침입 금고 등의 현금 또는 유가증권의 강(절)취

2) 방지대책

(1) 매뉴얼에 입각한 업무

업무매뉴얼은 업무 방법을 사안별로 구체적으로 설명해 놓은 행동지침서이다.

경비업무매뉴얼은 경비업무 수행의 표준화, 전문화와 업무 품질도 향상을 위해 관리의 중점사항을 설정하고 구체적이고 세밀한 사항까지 기술하고 표현하고 있다.

매뉴얼에 입각한 근무는 사고발생을 최소화시킬 수 있다.

(2) 현금취급에 대한 전문성 확보필요

금융기관 현금 취급업무 종사자는 현금관련 업무를 기피하므로 3~6개월 주기로 교체되는 실정이고 그러한 이유로 실무경험이 없는 상태에서 발권(출납)업무에 대한 제도의 입안, 결정을 하게 된다. 따라서 현금취급에 대한 전문성의 확보가 곤란한 측면이 있다. 전문성 확보를 위한 근무자 지정이 요구된다.

(3) 현금수송장비의 취약성 보강

현송용 전용차량과 통신장비를 보강하는 노력이 미흡한 실정이다.

(4) 빈번한 현금수송에 의한 취약점

현금자동지급기 자금보충 등을 위한 현금수송, 야간금고 및 파출수납 시 공격을 받을 수 있는 위험이 있다. 다양한 이송로를 확보하고 비규칙적인 동선을 선택하는 등의 노력이 필요하다.

(5) 외부인력 사용에 따른 노출 과다

대량 현금수송 시 상·하차, 금고이적, 금고관리(현물검사 등)를 외부인력(7~23명)에 의존하고 있으므로 현금수송 출발, 도착시간, 장소 및 금고시설 내부가 사실상 노출되고 있다는 문제점이 있다.

(6) 청원경찰업무의 겸무금지와 방범예방능력 강화 필요

청원경찰에게 기타 업무가 배정되는 사례가 많다. 범죄예방을 위해 배치된 전문인력에게 그와 관련 없는 업무를 부여하는 것을 금해야 한다.

(7) 경비원 윤리의식 강화

내부자에 의한 수송피탈 사례가 적지 않은 상황이다. 재발을 위하여 경비원에 대한 윤리의식이 강조되어야 할 것이다.

3. 호송경비 실시

1) 호송경비 유의사항

(1) 근무인원 이상 유무 점검

호송업무 이전에 건강상태, 음주여부, 약물복용, 당일 근무내용 숙지여부 등을 확인하고 주의사항을 전달해야 한다. 이상이 발견된 경우 근무편성을 수정하는 조치

가 반드시 필요하다.

(2) 차량 및 장비점검

차량의 고장을 방지해야 하고 무전기 주파수를 맞추고 약암호를 사용한다면 점검해야 할 것이다. 이동경로의 수정도 검토해야 한다.

(3) 주의사항 전파

날씨, 도로상황, 고객의 요청사항 등에 대하여 호송경비 출발 전 반드시 점검해야 한다.

2) 현송조 편성 및 임무수행요령

(1) 현송책임자

현송업무에 대한 총괄적 지휘감독, 현송원 및 운전원에 대한 안전수칙과 교양, 통제실 및 기지국과 유무선 연락망 항시 유지, 물건수령 후 검수 후에 현송증명서를 접수, 물건이동 및 적재지휘, 비상사태 대비

(2) 현송원

현송책임자의 지휘에 따라 임무수행, 승하차 지점 확보 후 사주경계, 물건적재 후 잠금장치 확인, 물건운반 및 적재, 비상사태 대비

(3) 운전원

현송책임자 지휘에 따라 차량운행, 승차대기하에 통신상태 유지, 차량대기간 차량시건 후 운전석에서 사주경계, 이동 간 우발상황 발생 시 즉각 대응, 개인활동 금지 및 안전운행, 비상사태 대비

3) 차량기동 간 경계요령

(1) 현송책임자

우발상황에 능동적인 지휘, 통제실 기지국과 상황유지 및 교통상황 파악, 지체나 정체 주차 시에 사주경계, 긴급상황 발생 시 현장지휘

(2) 현송원

차량주 시, 긴급상황 발생 시 현송책임자 지휘에 따라 대처

(3) 운전원

신호정차 및 교통체증 시 또는 긴급상황에 대비하여 차간거리를 유지, 긴급상황 발생 시 현송책임자 지시에 따라서 경광등 및 비상등을 작동, 주 및 예비코스 지형지물 숙지

4) 차량유도 시 유의사항

(1) 유도차량과 수송차량 사이에 다른 차량이 들어오지 못하도록 할 것
(2) 전방 또는 후방의 수상한 차량 유의
(3) 휴게소 등 정차위치 선정
(4) 무리한 교통통제, 신호기 조작은 지양하고 선도차량 속력조절을 통한 경비지원

4. 현금수송사고의 방지대책

1) 상호 유기적 수단 결합에 의한 방범대책

방범예방효과를 극대화하기 위하여 물리적, 전자적, 절차적 수단의 조직적인 결합을 통하여 이 수단들이 상호 보완효과를 발휘할 수 있도록 하여 안전도의 수준을 더욱 높일 수 있게 된다. 물리적 수단과 절차적 수단을 건물내부와 침입탐지 시스템에 허가 없이 물리적 수단을 파괴하고 내부로 침입하려는 범죄행위를 빠짐없이 탐지하도록 한다면, 안전도의 수준을 더욱 높일 수 있을 것이다.

금융기관의 현송에 대한 방범대책을 보면, 자금을 현송하거나 자금현송을 의뢰하는 때에는 그 금액 방법, 발착의 시각, 현송직원의 명부 등을 상대점 책임자에게 전화 또는 전신으로 통지하여야 한다. 현송금을 교부 또는 수행할 때에는 전항에 준하여 그 뜻을 통지하여야 한다.

2) 자금현송 시 위험요소와 사고예방을 위한 주의사항

① 현송은 치밀, 주도면밀한 계획을 세우고 안전하고 유리한 방법으로 행한다.
② 현송원은 절대로 현금의 곁을 떠나서는 아니 된다.
③ 현송금의 포장이 안전한가를 확인하다.
④ 현송에 필요한 인원은 현송량과 현송거리에 따라 사전에 검토하여 책정하되, 반드시 책임자를 포함한 2명 이상의 직원이 청원경찰을 대동하여 행하여야 한다. 가급적 자체차량을 이용토록 하고 부득이 외부차량을 이용할 때에는 운전자 성명과 차량번호를 확인하여 기록하여 둔다.
⑤ 현송금은 반드시 상대점 책임자와 현송책임자 간에 수도하여야 한다.
⑥ 현송은 반드시 일몰 전에 완료하여야 한다.
⑦ 상대점에 사전계약을 취할 것이며 현송 중 사고가 발생하였거나 기타 예정시간보다 지체되었을 경우에는 신속한 방법으로 직접 자점 또는 인근점포를 통하여 즉시 연락하여야 한다.
⑧ 현금의 송부영수서는 서류로 행하는 즉시 전신 또는 전화로 쌍방책임자 간에 연락이 있어야 한다.
⑨ 현송을 운송업자에게 위탁하여야 할 때는 반드시 보험에 가입해야 한다.
⑩ 현송은 부정기적인 시간에 행하여야 한다.

3) 현금호송 안전수칙(경찰청 감독명령 제 10호-1호) 준수여부

경찰청은 호송경비업무를 수행하는 법인에 대하여 감독명령을 발령하고 있다. 경비업체가 이를 위반하면 「경비업법」 제19조에 따라 허가취소, 영업정지 등의 처벌을 받게 된다.

① 호송차량에서 하차하여 현금 등 중요물품을 도보로 호송할 경우 2인 이상이 하여야 한다.

② 현금 등 중요물품이 호송차량에 적재된 경우 반드시 1인 이상이 차량에 잔류하여 경계근무를 하여야 한다.

③ 차량호송 시 차량 내 금고는 2중 시정장치를 한 상태로 운행하여야 한다.

④ 현금 등 중요물품을 호송하는 차량은 반드시 경보기 등 안전장치를 설비한 차량이어야 한다.

⑤ 중요물품 호송가방에는 피탈방지용 안전 고리를 정착하여야 한다.

⑥ 호송경비업자는 호송근무 투입 전 호송경비원에 대해 안전교육을 실시하고 호송장비의 적정여부를 점검하여야 한다.

⑦ 호송경비업자는 「파견근로자 보호 등에 관한 법률」 제5조 5항을 위반하여 경비업무에 파견근로자를 사용하지 않아야 한다.

⑧ 호송업무 수행 중 차량이나 호송물품을 탈취당한 경우에는 즉시 경찰관서에 신고하는 동시에 탈취한 호송물품회수에 주력하여야 하고, 경찰관서와 유기적 체제를 유지하여야 한다.

이 명령은 2010. 6. 1.부터 시행한다.

(2003.10.22. 발령한 감독명령 제 3-2호는 폐지한다.)

제3절 상황별 비상조치요령

1. 위해 발행 시의 대응조치

1) 기본조치

(1) 인신의 안전보호

사고 시에는 인명 및 신체의 안전을 제일 우선시한다. 특히 범인이 흉기류를 가지고 있을 때는 주의를 요한다.

(2) 관제시설 등에 연락 철저

신속하고 정확하게 관제시설에 연락을 한다.

(3) 차량용 방범장치의 확실한 세트와 작동

사고 발생 시에는 신속하게 차량용 방범장치를 작동시킨다.

(4) 운반용기를 금고실에 신속하게 수납

귀중품을 내릴 때 습격한 경우, 운반용기를 금고실에 수납시킬 수 있는 경우는 신속하게 금고실에 반납하고 잠금장치를 한다.

(5) 경계봉의 적절한 사용

경비원이 소지하는 분사기와 단봉은 정당방위의 범위 내에서 적절하게 사용한다.

(6) 사고발생정보의 주변고지

습격사고가 일어날 때는 큰소리, 확성기, 차량용 경보장치 등으로 주변에 이상이 발생한 것을 알리도록 한다.

2) 범인이 도주한 경우

(1) 범인에 대한 기록을 한다.

습격범의 인상, 복장, 특징, 차량번호, 차종, 차색, 도주방향 등 사후 범인수사에 도움이 되도록 냉정하게 관찰하고 기록(기억)하여 둔다.

(2) 신고할 수 있는 경우는 다음 내용을 112에 신고한다.

① 회사명과 이름

② 습격이 발생한 시각, 발생장소 등 사건 내용

③ 습격자의 특징, 흉기소지의 유무, 도주방향, 도주방법 등 사건수사에 도움이 되는 내용

(3) 상황을 관제센터에 연락하고 대체 운동수단을 수배한다.

(4) 발생현장은 경찰관이 도착할 때까지 가능한 한 현장을 보존한다.

3) 교통사고가 발생한 경우의 대응조치

(1) 교통사고 발생 시의 기본적 조치

① 사고 발생 시에 우선적으로 인명 및 신체의 안전을 제일로 한다.

② 관제시설 등에 신속하고 정확하게 연락을 취하여 보고한다.

③ 사고의 확대를 방지하기 위해 필요한 조치를 신속하게 취한다.

(2) 물건에 손해를 끼친 사고(경미한 경우)의 경우

① 교통사고 발생 시는 경찰 및 관제시설에 연락한다.

② 분명한 피해사고의 경우는 상대가 호송차량까지 오는 것을 기다리며, 경찰에 통보하여 의뢰한다. 주의할 점은 사고를 가장하여 습격하는 경우가 있으므로, 이를 대비해야 한다. 유리창은 대화가 가능할 정도로 조금 연다.

③ 교통사고의 처리는 원칙적으로 운전자가 대응한다.

④ 상대방의 이름, 주소 등을 운전면허증으로 확인한다.

⑤ 현장보존이 필요한 경우는 다른 차량을 적절하게 유도하여 현장보전을 위해 노력하는 동시에 주위를 경계한다. 또한 현장보존의 필요가 없는 경우는 안전한 장소로 피하는 동시에 정지표지판을 세우는 등 후속사고의 발생을 방지하는 조치를 취한다.

⑥ 사고처리가 지연될 것으로 판단되는 경우는 신속하게 관제시설에 연락하여 대체수송 수단을 수배한다.

(3) 중대사고(인명 · 신체사고)의 경우

① 인명·신체 사고가 발생한 경우는 제일 빨리 경찰에 신고하는 동시에 구급차를 요청한다.

② 부상자를 구호하는 동시에 응급조치를 실시한다.

③ 경비원이 연락할 수 없는 경우는 상대 또는 부근의 사람에게 신고를 요청한다.

④ 책임자가 도착한 때는 그 지시에 따른다.

(4) 차량고장이 발생한 경우의 대응조치

① 사고의 확대방지를 위해 다른 차량의 교통에 지장을 주지 않는 안전한 장소로 이동한다.

② 고장상황 및 현재위치를 관제시설에 보고한다.

③ 응급수리로 고쳐질 수 있는 경우는 가장 가까운 수리공장 등에서 수리한다.

④ 운행을 예측할 수 없는 경우는 관제시설에 대체차량을 요청한다.

⑤ 대체차량이 도착하기까지 주위의 경계에 만전을 기해 정기적으로 현황을 연락하는 동시에 기록하여 둔다.

⑥ 대체차량이 현장에 도착한 때는 도착했다고 관제시설에 연락한다. 고장차량과 대체차량과의 간격을 최단거리로 위치시켜 주위의 경계를 엄중하게 하면서 귀중품을 옮긴다. 이때도 경비원과 작업자의 임무구분을 명확히 할 필요가 있다.

⑦ 귀중품을 옮기는 작업을 완료하고 출발할 때는 잠김 확인, 주변 유류물을 재 확인한 후 관제시설에 출발하는 것을 연락한다.

⑧ 대체차량을 기다릴 시간여유가 없는 정도로 긴급한 경우는 관제시설에 연락하고 그 지시에 따라 택시나 지하철을 이용하여 귀중품을 운반한다.

2. 호송경비차량의 요건

1) 금고실과 운전석의 완전한 분리

금고실과 운전석의 간격이 없는 경우는 금고실에 무방비로 근접하여 쉽게 습격의 대상의 될 수 있다.

2) 일정한 한도의 파괴력을 견딜 수 있는 금고실의 구조

귀중품을 적재한 금고실의 구조로서는 일정한도의 파괴력에 견딜 수 있는 구조가 필요하다.

3) 3명 이상의 승차가 가능한 정도의 대형화된 차량

호송하는 귀중품의 대형화, 다량화에 따라 차량의 대형화가 요구된다. 또한 안전성 면에서도 귀중품 호송경비업무를 실시하는 경우에 운전자, 경비원 3명 이상으로 구성하여 역할을 분담해야 한다. 대형차량의 경우 운전석과 금고실 간에 통신수단이 있다면 안전성은 보다 높아질 것이다.

4) 관제실에 연락하기 위한 휴대용 무전기, 휴대전화

관제시설에 연락을 취하기 위해 휴대용 무전기를 장치한 동시에 무전기의 난청지역 등을 보완하기 위해 휴대전화를 지참하는 것이 필요하다.

5) 관제시설의 자동긴급신호 송출장치

차량의 경보장치가 작동한 경우 또는 긴급버튼이 눌러진 경우, 관제시설에 자동신호 또는 자동음성에 의해 이상을 알리는 장치를 구비하는 것이 필요하다.

6) 관제시설에 자기차량위치 통보장치

GPS에 의해 차량의 위치가 파악될 수 있는 장치를 구비하는 것이 필요하다.

차량위치 통보장치는 실시간 위치정보를 파악하는 방법, 호송차량으로부터 위치

정보를 송신하는 방법, 긴급 시에 위치정보를 호송차량이 송신하는 방법 등이 있다.

7) 엔진작동 불능장치의 설치

운전석이 있는 자가 습격받아 협박을 받는 경우에는 어떤 조작을 하면 엔진이 작동하지 않거나, 경보장치와 연동시켜 차를 이탈시키려고 하거나 차량의 문을 열려고 하면 경보가 울리고 엔진이 작동하지 않게 되는 장치 등이 필요하다.

8) 금고실의 파괴공작에 대응하는 경보장치

금고실의 파괴공작 및 습격에 대응하는 위협용 경보장치의 기능을 갖추는 것이 필요하다. 차를 이탈할 때 어떤 조작을 하면 차량이 경계상태가 되어 문을 열려고 하면 부저가 계속 울리는 등의 경보장치가 필요하다.

9) 각종 장치가 작동한 경우의 확인램프의 점멸장치와 위협용 경보부저

경보장치 등의 각종 장치가 작동한 경우에 호송경비차량의 비상점멸등을 점멸시키는 등 동시에 경적이 울려 경보장치가 작동한 것을 상대 및 주위에 알리는 장치가 필요하다.

3. 특이사항 발생 시 통신유지요령

1) 연락요령의 기본

(1) 연락내용

사고발생 시 관제시설에 연락을 신속하고 정확하게 실시하기 위해서는 연락양식을 정하여 두는 것이 바람직하다.

(2) 타인에 의한 신고대응

사고 상황에 따라서는 경비원 자신이 신고나 추가연락을 할 수 없는 경우는 메모를 하여 제3자에게 연락을 의뢰해야 한다.

(3) 연락수단의 선택

추가연락은 그 내용에 따라서 무선, 휴대전화 등을 사용한다.

2) 긴급연락

경찰기관 등의 조치가 긴급하게 필요한 경우의 연락계통은 다음과 같다.

현장의 경비원은 사고가 발생한 경우에는 즉시 현장에서 112번에 신고한 후, 관제시설에 제1보를 보고한다. 그 후 관제시설이 계약처 등 관련부서와 연락하고, 현장에서는 112번 및 관제시설에 수시로 추가연락을 한다. 2명이 각각 휴대전화를 가지고 있는 경우는 각각 112번과 관제시설에 분담하여 신고하는 동시에 신고와 보고를 하는 것이 바람직하다.

3) 교통사고 발생 시 연락내용

호송차량이 교통사고를 일으킨 경우는 관제시설에 우선 교통사고 발생을 연락한 후 계속 다음의 항목을 연락할 필요가 있다.

① 사고의 종별(가해, 피해, 자손, 상호)

② 발생기삭, 발생장소

③ 부상자의 유무

④ 구급차 요청의 유무

⑤ 호송차량의 고장, 손상상태

⑥ 호송업무의 임무속행 가능성

(상황에 따라서 응원요원, 대체차량의 요청, 사고차의 수리요청 등을 할 필요가 있다.)

⑦ 구급차 요청유무

⑧ 경비수송차량의 고장, 손상사태

⑨ 호송경비업무의 임무수행 가능성

제8장

시설경비

THE PRIVATE SECURITY TRAINING MATERIALS

제 8 장 시설경비

제1절 시설경비의 이해

1. 개념

1) 법적 근거(「경비업법」 제2조)

경비를 필요로 하는 시설 및 장소에서의 도난·화재 그 밖의 혼잡 등으로 인한 위험발생을 방지하는 업무를 말한다.

2) 중요성

(1) 시설 이용자에 대한 신체적/재산적 보호(범죄, 사고 등)

(2) 시민 안전에 대한 기여(중요시설 등에 대한 시설경비)

2. 구분

1) 자체경비와 계약경비

(1) 자체경비

- 장점: 상대적으로 낮은 이직률, 직접적 감독과 통제 용이, 장기간 근무로 근무지에 대한 높은 이해도
- 단점: 친밀함으로 인한 각종 문제 발생, 지속적 보수교육 등 한계, 비상상황 발생 시 탄력적인 대응 한계

(2) 계약경비

- 장점: 객관적 업무처리, 보수교육 등을 통한 전문성 제고, 다양한 인력자원 활용, 경찰 등과 긴밀한 협조관계 형성

- 단점: 높은 이직률, 선발과정 상 실질 고용시설의 관여 한계, 잦은 교체로 인한 시설에 대한 전문성 약화

2) 인력경비와 기계경비

(1) 인력경비

- 장점: 중복적 업무 수행 가능, 신속한 상황대처 가능
- 단점: 상황발생 시 인명피해 우려, 야간 감시의 일정부분 한계

(2) 기계경비

- 장점: 경고효과, 범죄·화재 등 통합운영 가능, 장기적 비용 절감
- 단점: 오경보의 위험, 범죄자 역이용, 많은 설치 비용

3. 주요임무

1) 출입통제

(1) 출입권한 있는 자와 없는 자에 대한 통제

(2) 출입권한 있는 차량과 없는 차량에 대한 통제

2) 범죄예방 / 사고예방

(1) 시설 내부·주변 순찰 활동

(2) 절도·화재 등 각종 신체·재산적 피해에 대한 예방활동

3) 신속대응

(1) 범죄 등 상황발생 시 신속하게 대응

(2) 경찰, 소방 등 관련 기관과 연락

4) 각종 위험으로부터 개인의 신변보호

4. 대상

1) 공공기관

(1) 학교

(2) 정부기관(정부청사, 지방자치단체 등)

2) 주거시설

(1) 아파트, 빌라

(2) 오피스텔, 주상복합시설

3) 상업시설

(1) 백화점, 쇼핑몰, 멀티플렉스

(2) 시장, 마트

(3) 편의시설(놀이공원, 식당가 등)

제2절 출입통제

1. 개념

1) 권한 있는 자와 차량, 미권한자와 차량을 구분하여 이들을 상황에 맞게 통제해 각종 범죄, 재해 등을 방지하는 것

2) 경비대상시설의 종류와 규모에 따라 차등된 방법 실시

2. 대상별 출입통제

1) 공공기관

(1) 직원 출입통제

- 신분증 및 차량출입증 확인
- 출입증 관리 부서와의 유기적 연계로 권한 있는 자에 대해 지속적 확인

(2) 방문자 출입통제

- 방문목적, 방문부서 등 신원확인 후 방문증 발급
- 출입부서 직원이 인솔하게 하거나, 경비원이 직접 담당부서로 안내

(3) 차량 출입통제

- 비밀, 공용물품 반출을 막기 위한 차량 내부 점검
- 차량 동승자 및 위험물품 등 확인

2) 주거시설

– 방문자 및 차량 통제

- 방문세대 등 확인 후 신원관련 사항(연락처 등) 확보 뒤 출입 허가
- 휴대물품 등에 대한 세심한 관찰
- 홍보 등 전단지 부착을 위한 방문의 경우 사전 관리실 확인

3) 상업시설

– 방문자 및 차량 통제

- 과거 시설 관련 문제야기 이력자에 대한 관리
- 범죄 등 악용 가능한 휴대물품 등 관찰
- 의심자에 대한 지속 감시

제3절 근무 시 유의사항

1. 경비실 근무

1) 방문차량: 방문세대, 차량번호, 차종, 색상 등 기록유지 후 출입 허용

2) 방문자: 의심되는 출입자의 동태 확인, 휴대품 관찰

3) 비상연락체계 구축 및 관련기관과 긴밀한 관계 유지

2. 지하주차장 방범활동

1) 조명, CCTV 등 방범시설 상태 확인
2) 거동수상자 및 어린이 발견 시 지상으로 나갈 수 있도록 유도
3) 외부차량에 대한 주기적 확인

3. 상황발생 시 신고요령

1) 6하원칙에 맞게 신고하되, 장소를 구체적으로 특정하여 위치확인이 먼저 이루어지도록 신고
2) 범죄 관련 상황 시 범인의 숫자 및 흉기 등 경찰이 대응방안을 모색할 수 있도록 구체적 신고
3) 범인 도주 시 도주방향 및 도주수단(오토바이 등) 구체적으로 제공

제4절 순찰의 이해

1. 개념 및 유의사항

1) 개념

담당하는 시설을 순회·시찰하면서 범죄예방 및 단속을 하는 활동을 말한다.

2) 유의사항

(1) 주변상황을 면밀하게 관찰
(2) 상황에 맞게 은밀 순찰 또는 노출 순찰을 적절히 사용
(3) 입주민, 방문객 등에 친절하고 예의바르게 행동
(4) 돌발 상황 등에 대한 대비
(5) 상황 발생 시 신속 대응

2. 순찰의 구분

1) 순찰노선에 따른 구분

(1) 정선순찰

- 사전에 정해진 노선을 지정된 시간에 규칙적으로 순찰
- 감독과 연락이 용이
- 범죄자 역이용 가능, 순찰의 자율성 보장×

(2) 난선순찰

- 순찰장소와 노선을 근무자가 임의로 정해 순찰
- 범죄자에 노출 최소화
- 순찰자에 대한 감독, 연락 어려움

(3) 요점순찰

- 순찰구역 내 중요지점을 선정해, 중요지점 사이를 순찰하는 방법으로 요점 사이는 난선순찰
- 정선순찰과 난선순찰의 단점 보완
- 요점선정의 어려움

(4) 구역순찰

- 순찰구역을 소구역으로 지정 후 담당구역을 순찰

2) 기동력에 따른 구분

(1) 자동차순찰

- 장점: 높은 가시성, 뛰어난 기동성 및 신속 대응, 순찰 및 대응에 필요한 각종 장비 휴대 가능, 자연환경에 큰 영향 없이 순찰 가능
- 단점: 좁은 골목길 등 순찰 장소에 일부 제한, 정확한 상황 파악 등 불가, 차량 운영 등 관련비용 소요

(2) 도보순찰

- 장점: 상세하게 정황 파악 가능, 외부 음향 청취 등 가능, 주민과의 접촉으

로 의견 수렴 등 관계형성에 도움, 특별한 경비 소요 없음, 장소 불문 순찰 가능

- 단점: 순찰자의 피로도 증가로 순찰노선과 횟수 제한적, 장비 휴대 등 한계, 기동성 부족, 날씨 등 영향을 받음

(3) 자전거 순찰

- 장점: 도보순찰에 비해 순찰자 피로도↓, 광범위 순찰 가능, 정황파악 및 시민접촉 용이, 자동차 순찰에 비해 경제적
- 단점: 자동차 순찰에 비해 기동력 약화, 장비적재 한계

(4) 오토바이 순찰

- 장점: 좁은 골목길로 빠르게 순찰 가능, 가시효과 높음
- 단점: 이동간 소리로 인해 은밀한 순찰 어려움, 순찰 간 안전에 일정부분 취약

3) 순찰인원에 따른 구분

(1) 1인순찰

- 단독으로 관할구역을 순찰하는 것
- 상대적으로 많은 지역 순찰 가능
- 다수의 침입자 등 상황 발생 시 효과적 대응 한계

(2) 복수순찰

- 두 명 이상의 순찰자가 팀 단위로 순찰
- 상황 발생 시 업무 분담 등 통해 효과적 대응 가능
- 순찰범위가 한정적, 집중력 저하 문제 발생 가능

3. 순찰의 절차

1) 순찰 전 장비 확인

(1) 경적, 단봉 등 순찰장비 작동여부 확인 및 휴대

(2) 상황발생 시 연락이 가능한 휴대폰, 무전기 등 휴대

2) 근무복 착용

- 입주민 등이 순찰자임을 알 수 있도록 근무복 착용

3) 순찰 출발 보고

(1) 감독자에 순찰 출발 보고

(2) 입주민 등이 순찰 상황임을 알 수 있도록 표시하고 긴급상황 시 연락가능 하도록 연락방법 공지

4) 특이사항 확인

(1) 순찰구역 내 보수(펜스 절단 등) 등이 필요한 부분 있는 지 확인

(2) 거동이상자 있을 시 확인 및 점검

(3) 방치된 물건 등에 대한 확인

5) 상황 발생 시 신속대응

(1) 범죄, 화재 등 상황 발생 시 초동조치 실시

(2) 감독자 및 경찰, 소방 등 유관기관에 신속 보고

6) 순찰종료 후 보고

- 순찰 종료 후 특이사항에 대해 다음 근무자 또는 감독자에 보고

제5절 보안장치의 이해

1. 잠금장치

1) 개념: 외부의 침입을 막기 위해 사용하는 장치로 건물, 세대, 방별로 설치

2) 열쇠를 이용한 잠금장치: 돌기형 자물쇠, 판날름쇠 자물쇠, 핀날름쇠 자물쇠

3) 카드작동식 자물쇠

4) 생체인식 잠금장치: 지문인식, 정맥인식, 안면인식, 홍채인식 등

2. 경보장치

1) 개념: 외부의 침입 발생 등에 대해 움직임, 열, 빛 등을 감지하여 청각, 시각 등으로 인지가능할 수 있도록 알림을 주는 장치

2) 종류: 자석감지기, 적외선감지기, 열감지기, 초음파감지기, 진동감지기 등

3. CCTV

1) 대표적인 기계적 감시장치

2) 사람의 활동과 관련해 시간적, 장소적 한계에 도움을 주는 장치로 최근 지능형 CCTV 보급으로 인해 활용도 증가

참고문헌

최선우. 2008.「민간경비론 4판」. 진영사.

경찰청. 2018.「지역경찰 운영지침」.

경비업법.

경비업법 시행규칙.

제9장

기계경비실무

THE PRIVATE SECURITY TRAINING MATERIALS

제 9 장 기계경비실무

제1절 기계경비의 의의

1. 기계경비의 개념

「경비업법」 제2조에 의하면 기계경비업무에 대하여 "경비대상시설에 설치한 기기에 의하여 감지·송신된 정보를 그 경비대상시설 외의 장소에 설치한 관제시설의 기기로 수신하여 도난 및 화재 등 위험발생을 방지하는 업무"라고 정의하고 있다.

기계경비는 잠재적인 침입행위를 방지하기 위하여 1차적으로 물리적 방호장치를 설치하거나, 담장, 울타리, 셔터, 출입문, 벽, 창문, 내부공간, 금고 등과 같은 곳에 침입감지장치(감지기 등)를 설치하여 24시간 항상 같은 상태, 같은 조건으로 감시하여 특정한 목적물인 재산, 시설물이나 생명을 보호할 수 있도록 하는 경비이다.

현행 기계경비는 경비대상시설에 설치된 각종 첨단 안전기기, 송수신할 수 있는 유무선 통신시설, 상황을 접수하여 분석·판단하고 지령하는 관제시설, 이상발생 지역에 직접 출동하여 현장에서 상황에 딸라 대처하는 정예화된 대처요원들로 구성된 체제로 되어 있다.

2. 기계경비의 장·단점

기계경비시스템은 일반 사용자가 인력경비에 비해 저렴한 비용으로 개인의 생명과 재산을 지킬 수 있는 수단으로 사용되고 있으며, 사용자의 요구에 따라 다양한 서비스를 선택하고 제공받을 수 있는 특징을 갖고 있다.

1) 기계경비의 장점

우선, 장기적 관점에서 경비 소요 비용의 절감효과를 가져올 수 있다. 즉 초기에는 기계장치를 설치하는 데 많은 비용이 소요되지만, 장기적으로 유지관리비만 들기 때문에 인력경비에 대하여 비용절감효과를 갖는다고 볼 수 있다.

다음으로 CCTV와 같은 감시장치의 경우 일정한 장소를 효과적으로 감시하고 그러한 감시기록을 유지할 수 있기 때문에 사후에 범죄수사의 단서 등으로 이를 활용하는 데 유용하다. 그리고 상대적이지만 첨단 감지 및 감시장치의 운용으로 외부침입을 정확하게 탐지하고, 신속하게 대응할 수 있도록 해준다.

그리고 기계경비시스템은 인력경비와는 달리 24시간 동일한 조건으로 계속하여 감시할 수 있으며, 강력범죄 등으로 인명피해를 예방할 수도 있다. 마지막으로 잠재적 범죄자의 범행용구를 차단시키는 효과를 갖는다고 볼 수 있다.

2) 기계경비의 단점

장기적으로 기계경비시스템을 운용하였을 경우에는 비용에서 절감효과를 가져다주지만 단기적으로는 비용 면에서 적지 않은 부담요인이 된다.

기계경비시스템을 너무 맹신했을 경우 오히려 범죄자들에게 역이용될 가능성이 있다. 감시 및 감지장치를 설치했음에도 불구하고 이를 적절하게 차단하거나 아예 단순한 물리적 방법으로 침입하여 범죄를 저지르는 경우가 적지 않다.

또한 기계경비시스템이 안고 있는 가장 큰 문제 가운데 하나가 바로 오경보(false alarm) 문제라고 할 수 있다. 실제로 범죄 및 위험사태가 발생하지 않았음에도 불구하고 기계장치의 자체적인 결함 또는 이용자의 부적절한 작동 그리고 미세한 환경변화에 민감하게 작동하는 경우 등 여러 가지 요인으로 인해 오경보 문제는 많은 비능률성의 원인이 되고 있다. 그리고 유지보수에 있어서도 의외로 적지 않은 비용이 들며, 이를 위해서는 전문 인력이 투입되어야 한다는 단점이 있다.

제2절 기계경비시스템 구성과 기능

1. 기계경비시스템의 구성

기계경비시스템은 울타리, 창문, 출입문, 금고 등 적용기준에 맞는 각종 감지장치를 설치하여 중앙통제센터에서 컴퓨터시스템을 이용하여 관리·운용된다.

보호시설 및 대상에 감지기 및 신호수신기를 설치하여 중앙통제센터와 온라인으로 시스템을 구축하고 통제센터에서 24시간 이상 정보를 탐지하여 이상정보가 발생했을 경우 출동경비원이 긴급출동하여 상황에 맞게 대응하게 된다. 그리고 필요한 경우에는 공경비인 경찰, 소방 및 구급출동에 통보하여 대상물의 사고 확대를 방지하도록 시스템을 구축하고 있다.

표 1 기계경비시스템 구성도

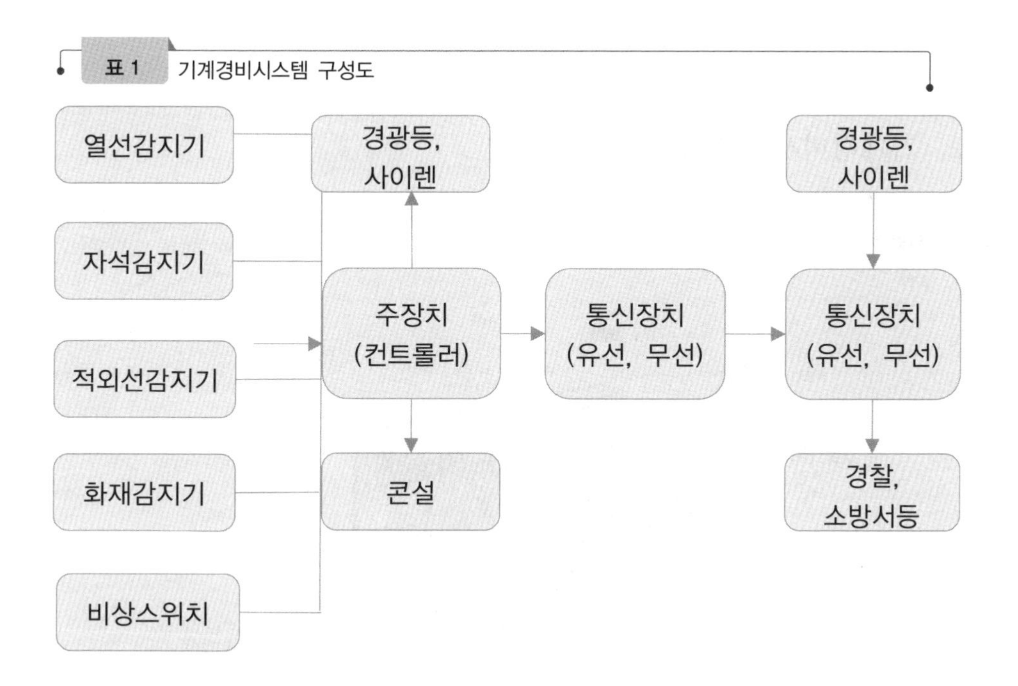

상황 1: 불법침입에 대한 감지 및 경호
침입행위로 인한 상태변화를 감지하여 경비기기 운용자(관제센터)와 침입자에게 경고하는 과정

↓

상황 2: 침입정보의 전달
관제센터에 침입을 알리는 정보가 적절하게 전달되는 과정

↓

상황 3: 침입에 대한 대응
통제센터를 통한 대처요원에 신속한 연락뿐만 아니라 침입자의 행동을 지연시키는 과정

↓

2. 기계경비시스템의 기능

그림 1 분사기별 특성[1]

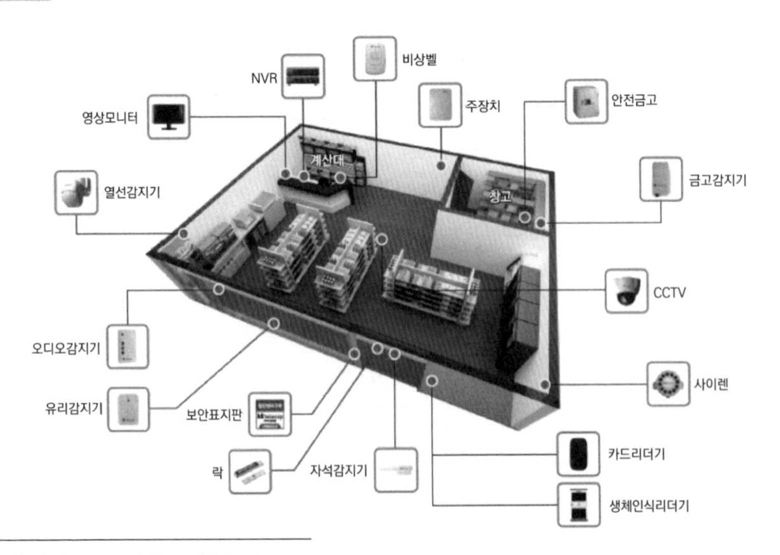

1) KT텔레캅 B2C 맞춤 보안서비스.

그림 2 어린이집 기계경비시스템[2)]

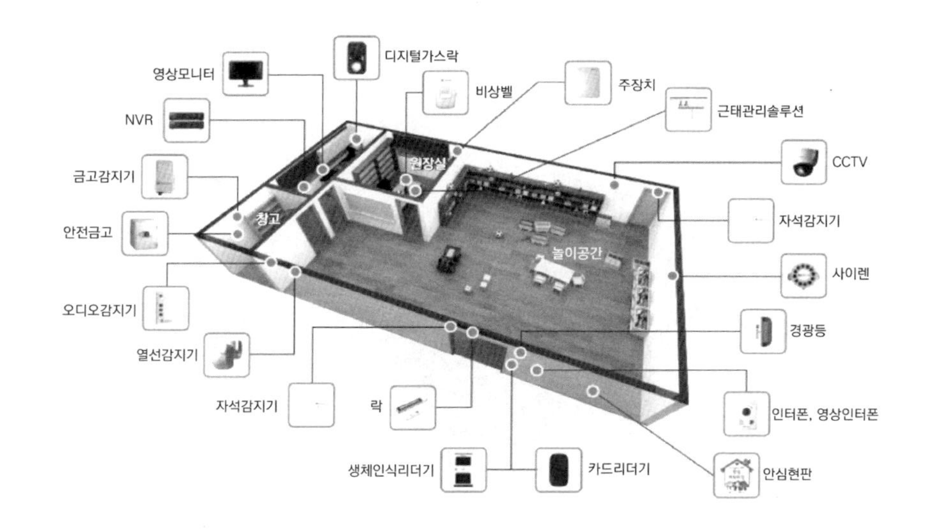

그림 3 일반 상가매장기계경비시스템[3)]

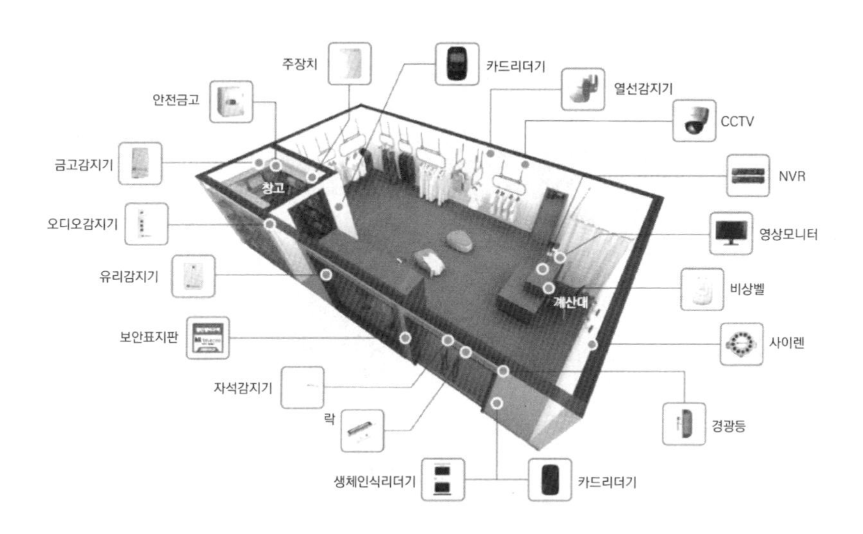

2) KT텔레캅 B2C 맞춤 보안서비스.
3) KT텔레캅 B2C 맞춤 보안서비스.

그림 4 아파트, 주택 기계경비시스템[4)]

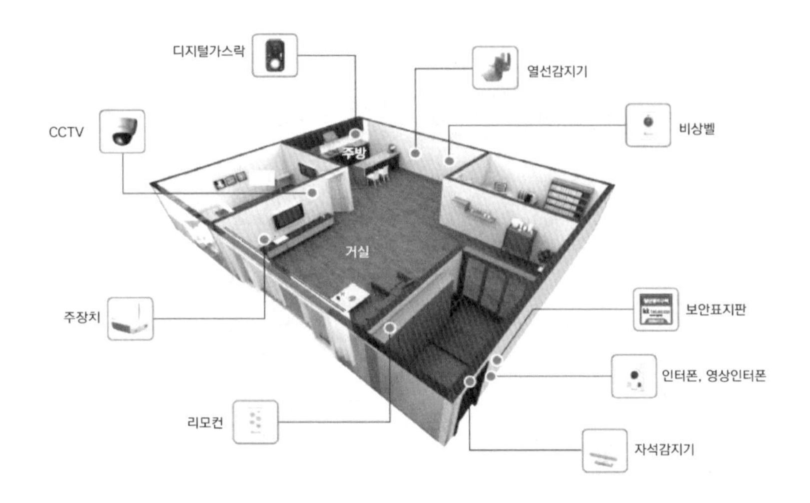

그림 5 사무실 기계경비시스템[5)]

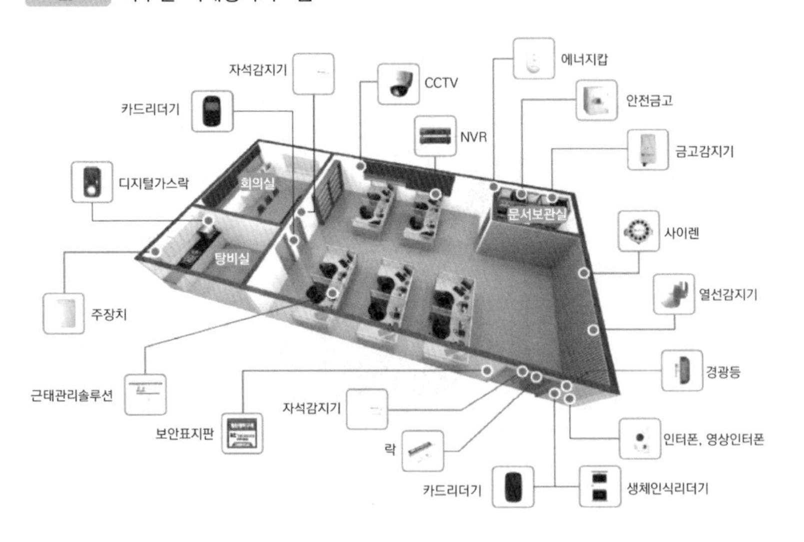

4) KT텔레캅 B2C 맞춤 보안서비스.
5) KT텔레캅 B2C 맞춤 보안서비스.

그림 6 식당 기계경비시스템[6)]

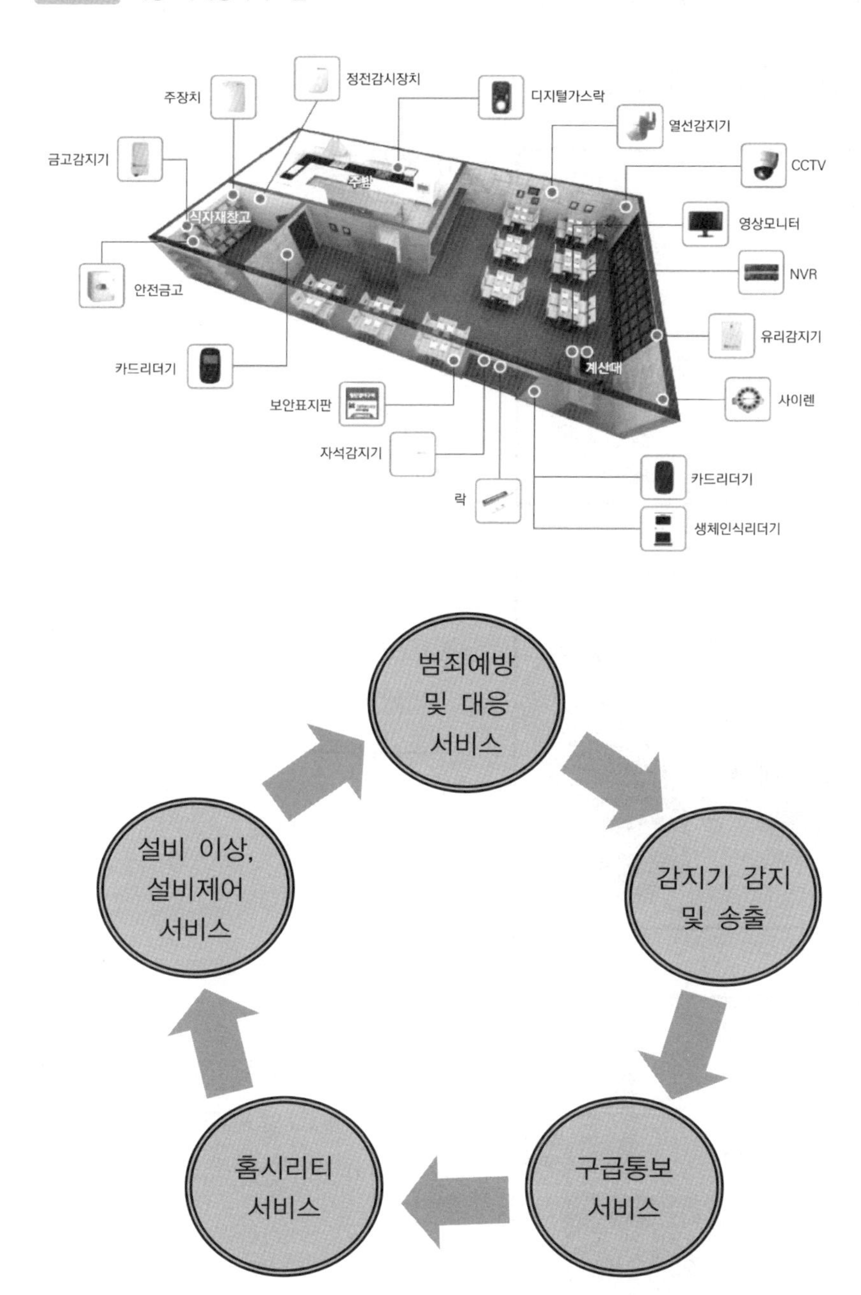

6) KT텔레캅 B2C 맞춤 보안서비스.

제3절 기계경비시스템 운용

1. 침입감지시스템 종류

1) 열선 감지기

- 침입자의 체온에서 방사되는 원적외선을 감지하는 감지기(실내 감시용으로 많이 사용됨)

2) 적외선 감지기

- 투광기와 수광기 사이의 적외선이 차단되면 감지하는 방식(외부 창문, 벽, 울타리 등)

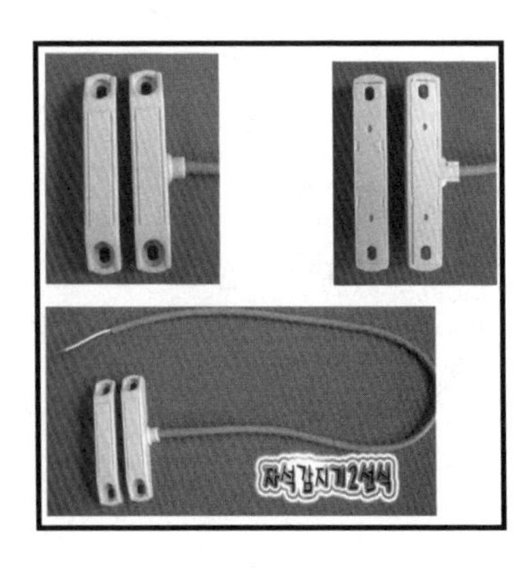

3) 자석 감지기

- 가장 기본적인 출입문 감시장치, 동작 전원이 필요 없고 구조가 간단하여 쉽게 설치할 수 있는 1차 감지기(출입문, 창문 등)

4) 유리감지기(충격감지기)

- 유리창에 직접 붙여 깨질 때 진동을 감지(유리창 실내 안쪽에 상, 하단에 부착)

5) 오디오 감지기

- 유리에 직접 유리파손 감지기를 부착하지 않고 유리파손을 음향으로 감지하는 센서(실내에 부착)

6) 마이크로 웨이브 동작감지기

- 외각 경계용 레이더센서이며, 철조망 침투경계를 목적으로 감지거리가 50m /100m /200m(300m, 500m 주문 시 개발공급)
- 특징: 탐지속도가 빠르며, 소, 동물 낙엽, 안개 등의 영향을 전혀 받지 않는다.

2. 출입통제시스템 운용

1) 출입통제시스템의 개념

출입통제란 인가된 사람과 인가되지 않은 사람을 구분하여 출입을 통제하는 것으로 오래전부터 출입통제를 위해 여러 가지 방법이 사용되고 있으며, 출입통제 장치는 단지 그 이름과 작동형태를 달리하는 경비기기의 한 형태이다.

출입통제장치를 통과하기 위해 출입하려는 사람을 확인하는 수단으로는 키나 카드와 같은 인식표로부터 손가락 지문, 눈의 동공과 같은 신체의 특징까지 다양하다.

특히 사람 신체의 특징을 이용하는 출입통제장치의 이용이 증가하면서 "생체인식시스템"이라는 새로운 이름이 등장하고 있다.

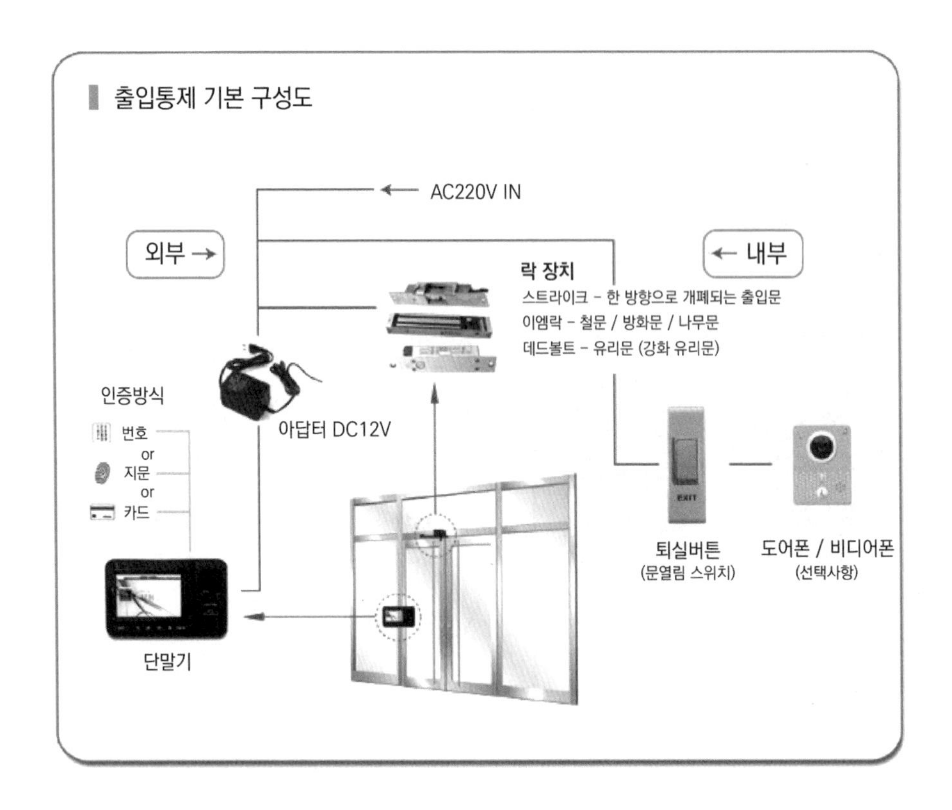

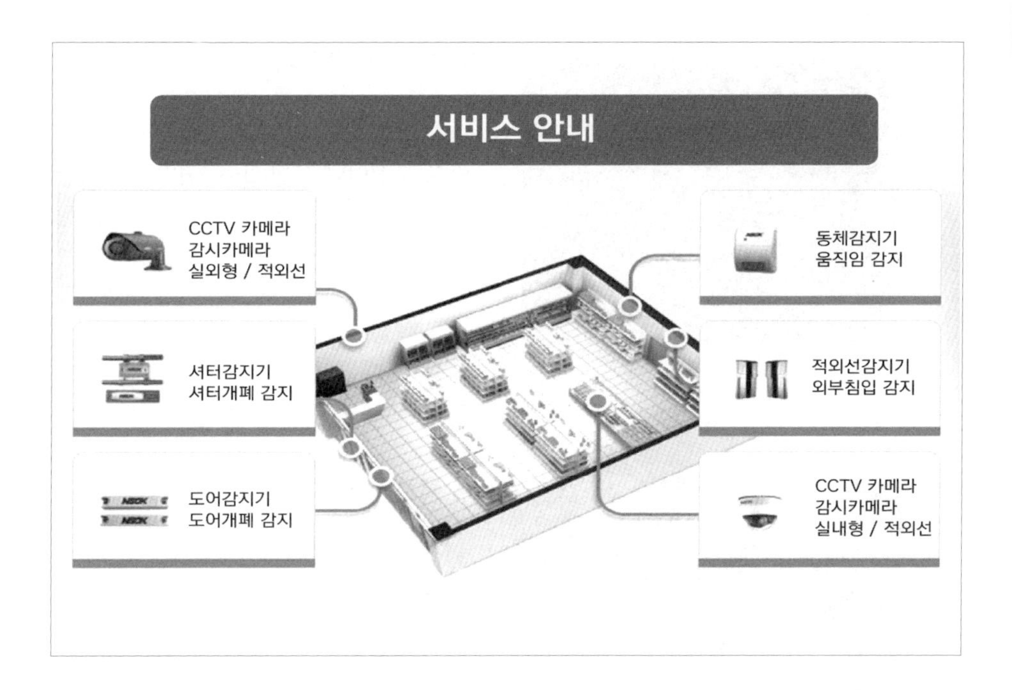

2) 출입통제장치의 구성

(1) 지문인식기

- 인가된 인원만 등록하여 사용하지만, 위조나 복제가 가능하여 위험성이 있음

(2) 번호키 리더기

• 소수의 인원만 공유하며 사용하는 번호, 번호 분실이나 도난 또는 협박으로 탈취될 수 있음

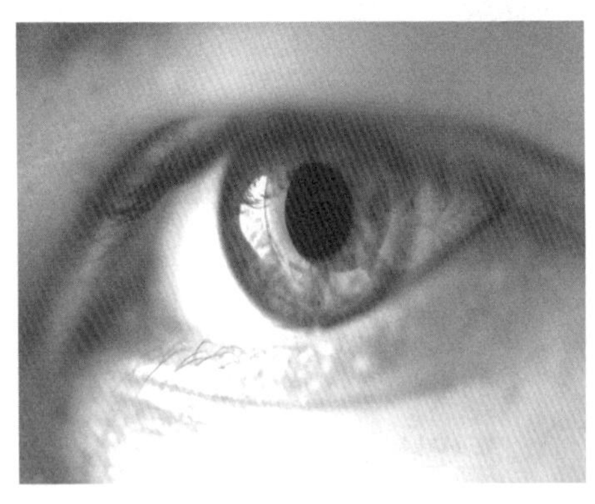

(3) 홍채인식

• 현재 사용하고 있는 지문인식은 지문 자체가 변화가 발생할 수 있으며 위변조가 가능하지만, 홍채는 평생 변화하지 않고, 다른 사람과 동일할 확률이 0%에 이른다는 특징을 가지고 있고, 식별 특징 또한 지문은 약 40개인 반면 홍채는 266개로 지문보다 6배 이상 많아서 인식률도 높음

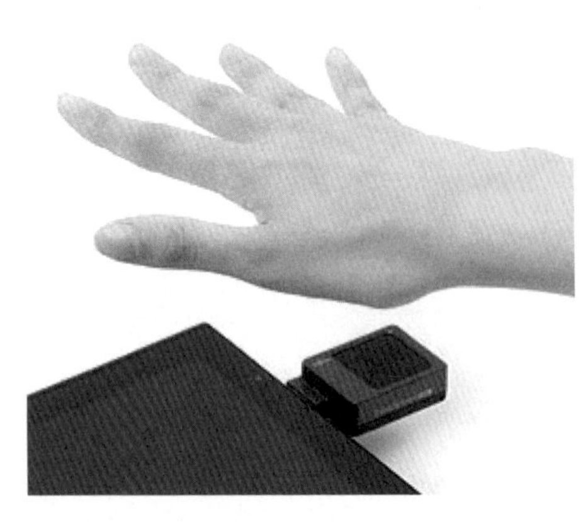

(4) 정맥

• 직접 장치를 접촉할 필요 없이 손바닥으로 센서 위를 한번 스치면 센서가 손바닥을 빠르게 촬영하여 이 안에서 인증된 정맥을 찾아내 인증함

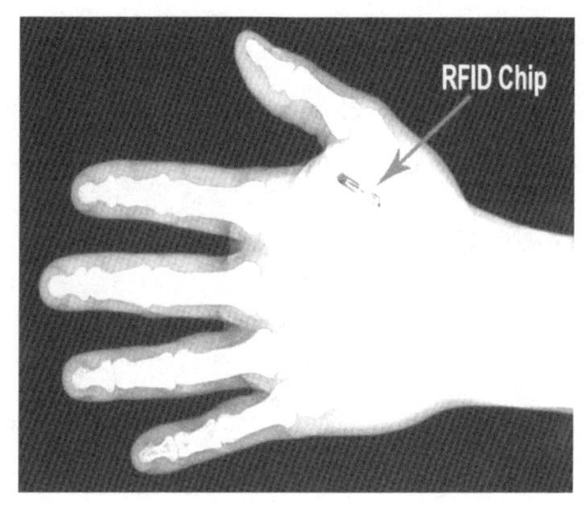

(5) 피부

- 손에 무선 주파수 실별(RFID) 칩을 넣어 출입문은 물론 복사기, 컴퓨터까지 어떤 암호도 필요 없이 모두 이용 가능

3. CCTV운용

1) CCTV의 개념

CCTV(Closed－Circuit Television)는 폐쇄회로 텔레비전으로 불리는 영상감시 목적으로 제한된 지역에서 독립적인 텔레비전 회로를 구축한 것이다.

정보통신부의 CCTV 개인 영상정보 보호 가이드라인 해설서에 따르면 특정한 수신자만 서비스하는 것을 목적으로 하는 텔레비전 전송시스템이라고 정의하고 있다.

2) CCTV의 구성

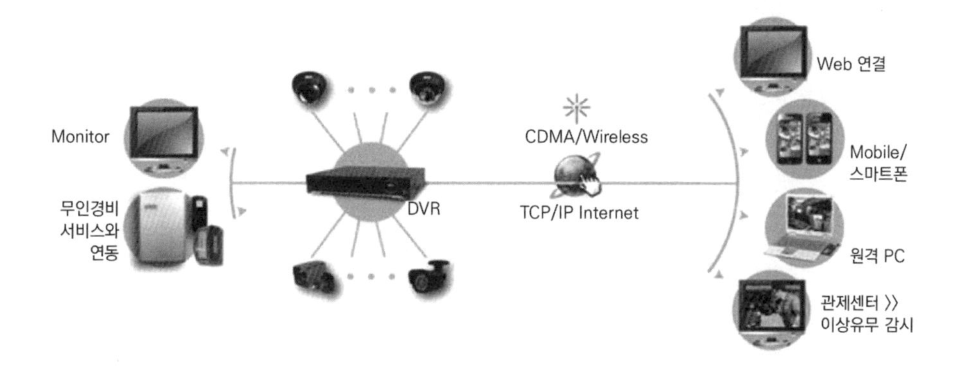

(1) 카메라 종류

① 외부 설치용

- 적외선 센서와 생활방수 가능
- 유·무선으로 외부에서 확인 가능

② 실내설치용

- 유·무선으로 외부에서 확인 가능

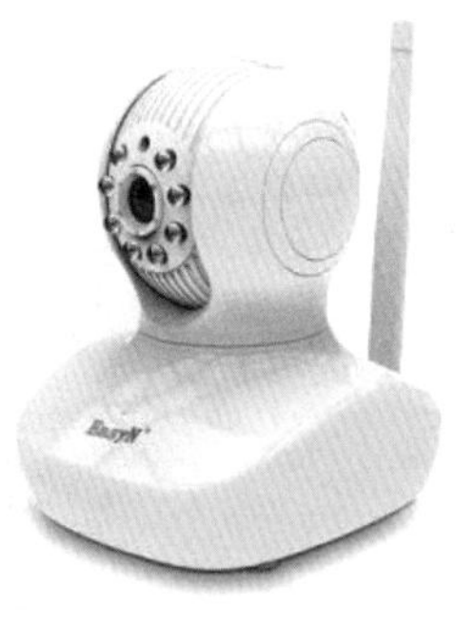

- 가정집, 사무실, 어린이집 등 실내에 설치하여 유·무선으로 확인 가능
- 통신사를 통한 설치도 가능하여 장기적으로 저렴한 가격에 이용 가능

- 외부 설치용으로 돔형식이 사용되고 있지만, 회전이 가능하여 상하좌우 확인 가능

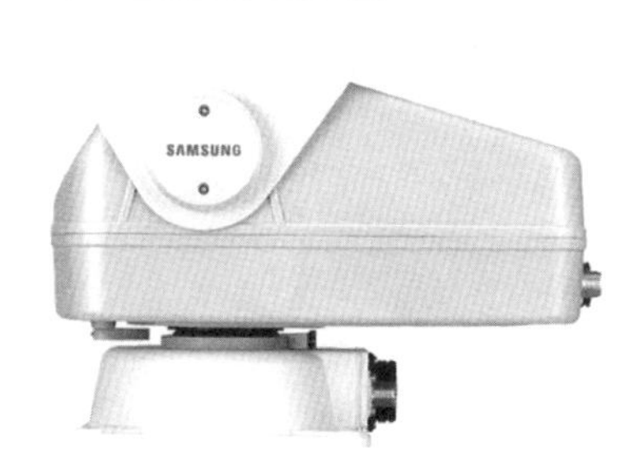

[팬틸트(FAN/TILT)]

- 위에서 설명한 외부설치용 카메라 중에 돔형식을 띄지 않고 장거리 카메라 등 외부의 넓은 장소를 확인하기 위하여 고성능 카메라를 설치하여, 상하좌우를 움직일 수 있게 하는 장치

(2) DVR 분활기

- 카메라를 통하여 보이는 이미지를 녹화하고, 2개 이상의 화면을 최대 16개의 화면으로 분할하여 송출하는 장치

제10장

사고예방대책

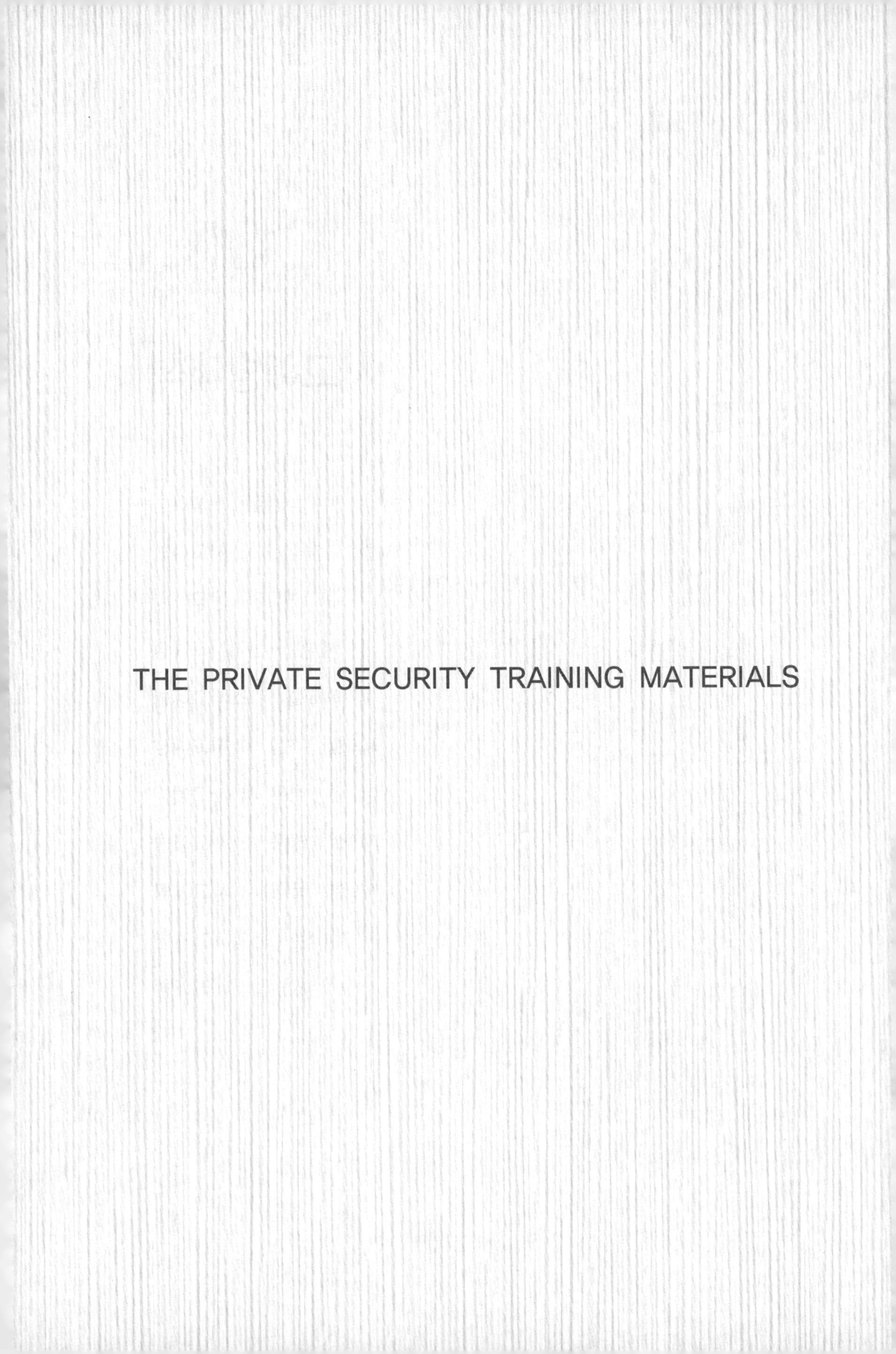

THE PRIVATE SECURITY TRAINING MATERIALS

제10장 사고예방대책

제1절 화재예방

1. 화재원인과 예방

1) 부주의

2013~2022년 화재발생원인 관련 통계자료를 보면, 부주의가 50%, 전기적 요인이 23.1%, 기계적 요인이 10.4%, 원인미상이 15%, 방화 또는 방화의심이 2.4%를 차지하는 것으로 확인된다.[1)]

2) 전기적 요인

(1) 전기용품은 반드시 전기용품안전인증마크가 있는 것을 사용한다.

(2) 콘센트에 너무 많은 전기기구를 연결하여 사용하는 것은 매우 위험하며, 가구나 문 등으로 전선피복을 눌러 손상시키지 않도록 주의해야 한다.

(3) 사용하지 않는 전기기구의 전원은 반드시 꺼두고, 콘센트에서 플러그도 분리해야 한다. 플러그를 분리하는 때는 전선이 아닌 플러그 몸체를 잡고 분리하여야 하고, 젖은 손으로 플러그를 잡는 것은 매우 위험하니 주의하여야 한다.

(4) 전기난로 등 전열기구 주변에는 가연성 물질이나 물건을 두거나 보관하지 말고 최소 1m 이상 이격시켜두어야 한다. 전기장판의 경우, 접어서 보관하거나 무겁거나 뜨거운 물체를 올려놓는 것은 피해야 한다.

(5) 매월 1회 이상 누전차단기를 점검하여야 한다. 시험용 버튼을 눌렀을 때, 스위치가 내려오는지 반드시 확인해야 한다.

---

1) 소방청, 2022년 화재통계연감 참조

3) 가스

(1) LPG 용기는 직사광선이 없는 옥외에 보관하고, 부식이나 넘어지지 않도록 조치하여야 한다.

(2) 주기적으로 실시되는 가스점검을 반드시 받아야 한다. 세제거품을 이용하여 배관, 호수 등의 연결부분을 점검하도록 하고, 거품이 발생하는 때는 가스가 누출되는 것이므로, LPG 가스판매업소 또는 도시가스회사 지역관리소 등에 즉시 연락해야 한다.

(3) 가스보일러, 배관 등 가스시설 근처에는 가스누설경보기를 설치하고, 주기적으로 그 작동상태를 확인해야 한다. 가스를 사용하지 않는 때는 중간밸브를 반드시 잠겨두도록 하고, 사용 중에는 반드시 자리를 비우지 않도록 한다.

(4) 가스제조회사에서는 가스누출 시 냄새가 나도록 부취재를 첨가하므로, 만일 가스가 누출하는 때는 특유의 냄새로 확인할 수 있다. 가스가 누출된 경우, 즉시 중간밸브 등을 잠그도록 하고, 창문을 개방하여 환기를 시킨다. 이후 LPG 가스판매업소 또는 도시가스회사 지역관리소 등에 연락하여 점검을 요청한다. 가스누출이 의심되는 경우, 전기기구를 절대로 사용하지 않아야 한다. 스파크로 인하여 폭발사고가 발생할 수 있다.

4) 유류 등

(1) 난방용 등유, 부탄가스 등 각종 가연성 연료용기는 바람이 잘 통하는 그늘진 곳에 보관하도록 한다.

(2) 난로나 버너 등의 사용 중에는 절대로 연료를 넣거나 이동시키지 말아야 한다.

(3) 출입구 부근, 기타 사람의 이동이 잦은 곳에서는 난로 등 연소기구를 설치하지 않아야 한다. 또한 난로 주변 등에는 가연성 물건을 놓지 말고 1m 이상 이격시켜두도록 한다.

(4) 외출 전 난로 등 가연성 기구가 정확히 꺼져 있는지 반드시 확인하여야 한다.

5) 담뱃불

(1) 흡연은 반드시 지정된 장소에서 하여야 하고, 흡연 후 재떨이나 휴지통에 담배꽁초를 버릴 때는 담배불씨가 완전히 꺼졌는지 반드시 확인하여야 한다.

(2) 흡연장소에 종이박스, 청소용 왁스 등 가연성 물건을 함께 보관하지 말아야 한다.

6) 화재예방 시설이용 및 관리

(1) 건물 내에서는 피난안내도를 참고하여 비상구나 비상통로의 위치를 미리 확인하여 두도록 합니다.

(2) 비상구 또는 비상통로, 계단에는 자전거, 박스나 각종 비품, 가구 등 비상시 대피자의 이동에 장애가 될 수 있는 물건을 방치하거나 보관해두어서는 안 됩니다.

2. 화재발생 시 대처요령

1) 화재발생 고지 및 신고

(1) 화재발생을 최초 확인한 사람은 경보기를 누르거나 큰소리로 주위에 화재발생 사실을 알려야 한다.

(2) 화재발생 사실을 소방서(119)에 신고한다. 화재발생 신고 시, 화재발생 장소의 주소 또는 주소를 잘 모르는 경우는 주위의 큰 건물 등 정확한 위치를 확인할 수 있는 여타 시설물과 함께 화재발생 내용을 간단, 명료하게 설명한다.

(3) 화재발생 신고가 소방서에 접수 완료될 때까지 전화를 끊어서는 안 된다.

2) 초기 진화활동

(1) 최초 화재발생 사실 고지 및 소방서 신고를 완료한 이후, 초기 진화가 가능

한 경우라면 소화기를 사용하여 진화를 시도하고, 초기 진화가 어려운 경우는 즉시 대피하도록 한다.

(2) 소화기 사용 시, 먼저 손잡이의 봉인을 제거한 후 안전핀을 제거하도록 한다. 이때 손잡이를 움켜쥐면 안전핀이 제거되지 않으니 소화기를 바닥에 내려놓고 안전핀을 제거한다.

(3) 실내에서는 출입문을(실외에서는 바람을) 등지고, 불이 난 방향으로 소화기의 호스를 향하도록 한다. 불이 난 곳에서 1.5~2m 정도 이격한 뒤, 소화액을 분사한다.

3) 대피

(1) 화재경보가 울리면 지체없이 유도등, 기타 피난지시 안내 등에 따라 질서있게 대피합니다. 이때 엘리베이터나 무빙워크가 아닌 피난계단이나 통로를 이용하도록 한다.

(2) 피난 시 불길과 연기의 확산을 지연시키기 위하여 방화문은 반드시 닫아두도록 한다.

(3) 연기가 많이 발생한 곳에서는 젖은 수건 등으로 코와 입을 가리고 낮은 자세로 신속하게 대피한다.

(4) 출입문 손잡이가 뜨겁거나 문틈에서 연기가 새어 들어오는 경우에는 출입문을 함부로 열지 않도록 한다.

(5) 실내에 갇혀있는 상태에서 연기가 창문이나 문틈으로 새어 들어오는 경우에는 주변이 물이 있다면 물에 적신 담요, 수건 등으로 틈을 막도록 한다. 또한 커튼을 제거하고 실내에 있는 불에 타기 쉬운 물건 등에도 물을 뿌려 준다. 이후 주위에 갇혀있는 사실을 알리고 침착하게 구조를 기다리도록 한다.

제2절 승강기 등 사고예방

1. 승강기(엘리베이터) 안전사고 예방

(1) 승강기 내에 부착된 유의사항을 반드시 지켜야 한다.

(2) 탑승정원이나 적재하중이 초과하지 않도록 하여야 하고, 조작버튼, 비상정지 스위치, 인터폰 등을 장난으로 조작하거나 불필요하고 무리하게 작동시키지 않도록 한다.

(3) 운행 중인 승강기 내에서 뛰거나 장난을 치지 않는다. 또한 출입문에 기대거나 손으로 밀지 않도록 한다.

(4) 승강기 이용 시 옷이나 가방 등이 문 틈새에 끼이지 않도록 주의한다. 또한 어린이나 노약자는 가능한 보호자와 함께 탑승하도록 하고, 애완동물은 안고 탑승하도록 한다.

(5) 출입문의 문턱이나 틈새에 담배꽁초, 전단지 등 이물질을 버리지 않도록 한다.

(6) 정전으로 승강기가 정지되거나 실내등이 꺼진 경우, 당황하지 말고 인터폰으로 연락을 하도록 한다. 승강기가 정지된 경우, 비상환기구를 열거나 출입문을 강제로 개방하는 등 임의로 탈출하는 것은 대단히 위험하다. 인터폰으로 구조를 요청하고 구조요원의 안내에 따라야 한다.

(7) 인터폰을 통해 구조요청 시, 승강기 내에 표시된 승강기 고유번호를 구조요원에게 알려주면 승강기 위치를 보다 빨리 확인할 수 있다.

(8) 화재, 지진, 기타 재난 시에는 승강기를 이용하지 말고, 비상통로나 계단을 이용하도록 한다.

2. 에스컬레이터 · 무빙워크 등 안전사고 예방

(1) 의복이나 가방, 스카프, 신발끈 등이 틈새에 끼이지 않도록 하고, 동전, 열쇠 등을 떨어뜨리지 않도록 소지품 관리에 유의한다.

(2) 이용 중 반드시 핸드레일을 잡고, 황색 안전선 밖으로 나아가지 않도록 하

며 가장자리에 발이 닿지 않도록 주의한다.

(3) 어린이와 노약자는 반드시 보호자가 동승하도록 하고, 애완동물은 안고 탑승하도록 한다.

(4) 주행방향의 역으로 뛰거나 핸드레일 밖으로 몸을 내미는 행동은 매우 위험하다.

(5) 무빙워크의 경우를 제외하고, 화물을 싣거나 계단에 놓지 않도록 하고, 유모차의 경우, 접어서 들고 타야 한다.

(6) 담배꽁초, 전단지 등 이물질을 버리지 않도록 한다.

(7) 비상정지 버튼을 함부로 누르지 않도록 주의해야 한다.

제3절 응급처치

1. 성인 심폐소생술(CPR, cardio-pulmonary resuscitation)

1) 반응확인

(1) 현장의 안전을 확인하도록 한다.

(2) 환자에게 다가가 어깨를 가볍게 두드리며 큰 목소리로 "여보세요, 괜찮으세요?"라고 물어보며 의식을 확인한다.

(3) 환자의 대답이나 움직임, 신음소리 등으로 반응여부를 확인한다.

(4) 이러한 반응이 없다면 심정지 가능성이 높다고 판단해야 한다.

2) 119 신고

(1) 환자의 반응이 없다면 즉시 큰소리로 주변 사람에게 119 신고를 요청한다. 이때 막연히 도움을 요청하지 말고, 특정인을 지정하여 요청하도록 한다.

(2) 주변에 도와줄 사람이 없다면 직접 119 신고를 한다.

(3) 만약 주위에 자동제세동기(심장충격기)가 비치되어 있다면, 위와 같은 요령으로 주위에 요청하여 즉시 가져와 사용할 수 있도록 준비하여야 한다.

3) 호흡확인 및 가슴압박, 인공호흡의 시행

(1) 심폐소생술에 익숙하지 않은 일반인은 신속하게 119에 신고함으로써 조력을 받도록 한다.

(2) 환자의 얼굴과 가슴을 10초 이내로 관찰하여 호흡이 있는지 확인한다.

(3) 환자의 호흡이 없거나 비정상적이라면 심정지가 발생한 것으로 판단한다.

(4) 환자를 바닥이 단단하고 평평한 곳에 등을 대로 눕힌 후, 가슴뼈(흉골)의 아래쪽 절반 부위에 깍지를 낀 두 손의 손바닥 뒤꿈치를 대도록 한다. 단, 외상환자를 구조하는 때는 일반인이라면 화재로 현장이 안전하지 않은 경우 등과 같이 꼭 필요한 경우에만 환자를 이동시키도록 한다.

(5) 손가락이 가슴에 닿지 않도록 주의하면서 양팔을 쭉 편 상태로 체중을 실어서 환자의 몸과 수직이 되도록 가슴을 압박하고, 압박된 가슴은 완전히 이완되도록 한다.

(6) 가슴압박은 성인의 경우 분당 100~120회의 속도로 약 5cm 깊이로 강하고 빠르게 시행한다.

(7) 가슴압박은 숫자를 세어가면서 규칙적으로 시행하고, 환자가 회복되거나 119 구급대가 도착할 때까지 지속한다.

(8) 심정지 초기에는 가슴압박만 시행하는 가슴압박 소생술과 인공호흡을 함께 실시하는 심폐소생술의 효과가 비슷하기 때문에 일반인의 경우, 지체없이 가슴압박 소생술을 실시하여야 한다.

(9) 인공호흡을 병행하는 경우, 먼저 환자의 머리를 젖혔던 손의 엄지와 검지로 환자의 코를 잡아 막고, 구조자의 입을 완전히 밀착하여 정상호흡을 약 1초 동안 2회의 숨을 불어 넣는다. 이후에는 30회의 가슴압박과 2회의 인공호흡을 119 구급대원이 현장에 도착할 때까지 반복하여 실시한다.

4) 회복

(1) 가슴압박 소생술을 시행하던 중 환자가 소리를 내거나 움직이면 호흡이 회복되었는지 확인한다.

(2) 호흡이 회복되었다면 환자를 옆으로 돌려 눕혀 기도(숨길)가 막히는 것을 예방한다.

(3) 이후 환자의 반응과 호흡을 계속 관찰한다. 환자의 반응과 정상적인 호흡이 없어진다면 심정지가 재발한 것이므로 신속히 가슴압박과 인공호흡을 다시 시작한다.

2. 소아 및 영아 심폐소생술

(1) 소아의 경우 어깨를 가볍게 두드려 의식과 반응을 확인하는데, 1세 미만 영아는 발바닥을 때려서 의식과 반응을 확인한다.

(2) 양쪽 젖꼭지 부위를 잇는 선의 정중앙 바로 아래 부분(흉골 부위)에 한 손으로 손바닥 뒤꿈치 부위만 접촉시키도록 한다.

(3) 성인 심폐소생술과 동일하게 심폐소생술을 시행하는 자의 어깨는 환자의 흉골 부위와 수직이 되게 위치한다.

(4) 소아의 경우, 한 손으로 1분당 100~120회 이상의 속도로 4~5cm 이상의 깊이로 강하고 빠르게 눌러한다. 영아의 경우는 검지와 중지 또는 중지와 약지 손가락을 모은 후 첫 마디 부위를 환자의 흉골 부위에 접촉시키고 1분당 100~120회 이상의 속도로 4cm 정도 깊이로 강하고 빠르게 눌러준다.

(5) 인공호흡의 경우, 소아는 성인과 같이 구강 대 구강으로, 영아의 경우는 구강으로 코와 입을 막고 2회 연속 실시하도록 한다. 가슴압박 30회와 인공호흡 2회의 비율로 호흡을 회복하거나 119 구급대원이 도착할 때까지 심폐소생술을 지속한다.

3. 자동제세동기(AED, automated external defibrillator) 사용법

(1) 자동제세동기(심장충격기)를 심폐소생술에 방해되지 않는 위치에 놓고, 전원버튼을 눌러 전원을 켠다.

(2) 패드와 자동제세동기의 본체가 분리되어 있는 경우에는 연결하도록 하고, 패드 부착부위에 이물질이 있다면 제거하도록 한다.

(3) 자동제세동기의 패드 1은 오른쪽 빗장뼈 바로 아래, 패드 2는 왼쪽 젖꼭지 옆 겨드랑이 정확히 부착한다.

(4) '분석 중'이라는 음성 지시가 나오면 심폐소생술을 멈추고 환자에게서 손을 떼도록 한다. 만일 자동제세동기가 필요 없는 때는 '환자의 상태를 확인하고 심폐소생술을 계속 하십시오.'라는 음성 지시가 이어진다.

(5) '쇼크버튼을 누르십시오'라는 음성 지시가 나오면, 점멸 중인 쇼크 버튼을 눌러 심장충격을 시행한다. 쇼크버튼을 누르기 전에 심폐소생술 시행자를 포함하여 반드시 다른 사람이 환자에게서 떨어져 있는지 확인하여야 한다.

(6) 자동제세동기 사용 후에는 즉시 가슴압박 30회, 인공호흡 2회의 비율로 심폐소생술을 다시 시행한다.

(7) 자동제세동기는 2분마다 심장리듬 분석을 반복해서 시행하며, 자동제세동기의 사용 및 심폐소생술은 환자가 호흡을 회복하거나 119 구급대원이 현장에 도착할 때까지 지속하여야 한다.

제4절 전기사고예방

1. 전기제품을 사용하지 않는 경우, 반드시 플러그를 분리하여 보관하도록 한다.
2. 스위치나 플러그, 콘센트가 불량인 경우, 즉시 사용을 중지하고 새 제품으로 교체하도록 한다.
3. 조명, 전기제품의 스위치 조작을 무리하게 하거나 함부로 하지 않고, 젖은 손으로 전기제품을 조작하지 않도록 한다.

4. 트 버튼을 눌러 정상작동 여부를 반드시 확인하고, 수동차단기(개폐기)의 경우, 정격퓨즈를 사용하여야 한다.
5. 예고되지 않은 정전 시, 누전차단기의 작동여부를 확인한 후, 조명 등의 스위치와 전기제품의 끄거나 분리한 뒤, 누전차단기를 다시 작동, 점검하도록 한다.
6. 임의로 수리하기 위하여 전기제품을 분해하거나 전기설비나 전기선을 만지는 것은 매우 위험하다.
7. 정전사고 등의 경우 국번 없이 123번으로 신고한다.

제5절 가스사고예방

1. 가스설비에 대하여 주기적인 안전점검을 반드시 실시하도록 하고, 가스누출사고에 대비하여 가스누출경보기를 설치하고, 정상 작동여부를 주기적으로 확인하도록 한다.
2. 외출 등으로 가스레인지 등 가스설비를 사용하지 않는 때는 반드시 중간 또는 메인밸브 등을 잠그도록 하고, 이를 확인하도록 한다.
3. 어린이 등이 가스설비에 함부로 접근, 사용하지 못하도록 관리를 철저히 하도록 한다.
4. 가스레인지 등 가스설비 사용 시, 반드시 창문을 열거나 환풍기를 가동하여 환기를 하도록 하고, 주위에 가연성 물건을 두지 않도록 한다.
5. 가스누출 시 특유의 불쾌한 냄새가 나기 때문에 이를 통해 가스누출여부를 확인할 수 있다. LPG는 공기보다 무겁기 때문에 바닥 면에서부터, LNG는 공기보다 가볍기 때문에 천장 부근에서 냄새가 나게 된다.

제6절 대설 시 사고예방

1. 평소 기상예보와 방송 등을 통하여 교통상황 등을 확인하도록 한다.
2. 폭설에 대비하여 스노우 체인, 염화칼슘이나 모래, 모래주머니. 삽 등 제설 및 안전장비 등을 충분히 확보, 휴대하도록 한다.
3. 붕괴가 우려되는 비닐하우스, 축사 등을 미리 점검하고 보강설비를 갖추어 폭설 피해를 예방하고, 기온 급강하에 대비하여 농작물 재배시설, 수도시설 동파 등을 방지하기 위한 조치를 미리 강구하도록 한다.
4. 가급적 차량을 이용한 외출을 삼가도록 하고, 부득이한 경우 고속도로 진입을 자제하고 국도 등을 이용하도록 한다.
5. 외출 시 방한복을 착용하고, 미끄럼사고에 대비하여 등산화나 바닥면이 넓은 운동화 등을 착용하거나 아이젠을 휴대하며, 주머니에 손을 넣지 않고, 장갑을 착용하도록 한다.
6. 계단이나 가파른 경사로의 이용 시 난간 등 안전설비를 이용하도록 한다.
7. 미끄럼사고가 발생하기 쉬운 장소에는 수시로 제설작업을 실시하고, 염화칼슘이나 모래를 뿌려서 사고를 예방하도록 한다.
8. 비상사태 발생 시, 응급환자, 노인, 어린이 등을 먼저 안전지역으로 대피하도록 하고, 고립 등에 대비하여 평소 비상연락체계를 유지하고, 비상식량, 식수, 조명, 방한 및 제설장비 등을 준비하도록 한다.
9. 비상상황 발생 시, 배터리 충전이 불가능한 경우에 대비하여 불요불급한 휴대전화 사용을 자제하도록 한다.

제7절 호우 시 사고예방

1. 수시로 기상예보를 통해 호우상황을 확인하도록 한다.
2. 침수, 붕괴, 산사태 등 위험지역의 경우, 비상 시 대피장소 및 비상연락망을 미리 준비, 확인하고 이를 숙지하도록 한다.

3. 노약자, 어린인 등은 외출을 삼가도록 한다.
4. 비상식량, 식수, 응급약품, 조명 등 비상구호장비나 물품을 미리 준비, 확인하여야 한다.
5. 하천, 제방 주변, 건물지하, 터널 등 침수가 예상되는 지역이나 장소에 주차한 차량이나 물건 등은 사전에 이동시켜두도록 하고, 상습침수 또는 침수예상지역 거주자들에게 미리 연락하여 침수피해발생에 미리 대비하도록 하고, 위험발생 전에 대피하도록 조치한다.
6. 절개지, 산비탈 등 산사태, 붕괴사고가 발생할 수 있는 지역에 접근을 차단하고, 해당 지역 거주자 등에게 미리 위험을 경보하여 대피할 수 있도록 조치하여야 한다.
7. 침수지역의 가로등 등 조명, 전기설비 등에는 함부로 접근하지 않도록 통행을 차단하고, 침수가 예상되는 장소, 지역의 경우, 사전에 전원을 차단하는 등 전기사고가 발생하지 않도록 필요한 조치를 하여야 한다.

제8절 태풍 시 사고예방

1. 수시로 기상예보를 확인하여 태풍의 진행경로 등을 확인한다.
2. 지붕, 간판, 창문, 출입문 등의 관리, 안전상태를 확인하고 강풍에 따른 낙하, 이탈, 파손사고에 대비하도록 한다.
3. 공사장 주변 등 안전사고 발생이 예상되는 위험지역에의 접근이나 출입을 제한하도록 한다.
4. 비상 시 대피 등으로 인하여 주거 등을 장시간 비우게 되는 경우, 사전에 수도, 가스, 전기를 반드시 차단하도록 하여야 한다.
5. 비상식량, 식수, 응급약품 등 구호물품이나 장비를 미리 준비하도록 하고, 비상 시 대피장소와 비상연락망을 미리 확인하여야 한다.

제9절 폭염 시 사고예방

1. 노약자, 어린이는 물론 성인의 경우에도 가급적 야외활동은 자제하도록 한다.
2. 충분한 수분섭취가 이루어질 수 있도록 물을 자주 마시도록 하되, 지나치게 달거나 카페인 음료나 주류 등의 섭취는 자제하도록 한다.
3. 냉방설비를 갖추지 못한 실내공간의 경우, 강한 햇볕이 들어오지 않도록 하고, 충분한 환기와 함께 선풍기를 켜도록 한다.
4. 냉방설비를 사용하는 경우에도 커튼이나 블라인드 등으로 실내로 들어오는 직사광선을 최대한 차단하도록 하고, 실내외 온도차가 5~8℃를 유지하여 냉방병을 예방하도록 한다. 건강한 실내냉방온도는 26℃(최저 22℃) 정도가 적절하다.
5. 폭염 시에는 가급적 가벼운 옷차림을 하도록 하고, 자외선에 노출을 방지하기 위하여 자외선 차단제를 사용한다.
6. 산업 건설현장 등에서는 휴식시간을 짧게 자주 가지도록 하고, 작업공간의 환기가 잘되도록 유지하여 밀폐된 환경에서의 작업을 피하도록 하여야 한다.
7. 작업 중에는 매 15~20분 간격으로 1컵 정도의 시원한 물을 자주 마셔 충분한 수분섭취가 이루어지도록 한다.
8. 고온의 환경에서 작업이 이어지는 경우, 작업자의 주의력이 떨어질 수 있기 때문에 안전사고 예방에 더욱 주의하여야 한다.
9. 직장, 학교 등의 구내식당 등에서는 식중독 사고가 발생하지 않도록 위생 등에 더욱 주의하여야 한다.
10. 일사병은 뜨거운 햇볕에 장시간 노출되어 체온을 적절히 조절하지 못하는 상태(열 탈진)로 37~40℃ 정도의 체온상승과 함께 두통, 어지럼증, 피로 및 무기력감, 구토 등이 발생한다. 통상 서늘한 곳에서 30분 정도 휴식을 취하면 정상적인 상태로 돌아오는데, 환자발생 시 가능한 서늘한 곳으로 이동하여 옷을 제거하고, 젖은 수건 등으로 체온을 낮추어야 하고, 이때 의식이 있다면 물을 마시게 한다. 그러나 상태가 좋지 않거나 의식이 없다면, 병원으로 급히 이송한다.

11. 열사병은 과도한 고온 환경에 노출된 상태에서 운동, 작업 등으로 신체의 열 발산이 원활히 이루어지지 않는 상태를 말한다. 40℃ 이상의 체온상승과 함께 두통, 어지러움, 구역질, 경련, 시력장애 등이 발생하고 심하면 의식을 잃고 실신하는데, 이 경우 근육이나 간 등 장기에도 영향을 줄 수 있기 때문에 즉각적인 처치가 필요하다. 일사병은 보통 맥박이 약하고 피부에 식은땀이 나면서 축축하고 창백한 느낌이 들지만, 열사병은 이와 달리 맥박이 빠르고 피부는 뜨겁고 건조하며 붉은색을 띠고 땀이 나지 않는다. 열사병은 체온을 내려주는 것이 무엇보다 중요한데, 환자를 서늘한 곳으로 이동시키고, 피부에 25℃ 정도의 물을 뿌려 열을 식혀주거나 넓적다리, 목, 겨드랑이 부위에 아이스 팩을 하도록 한다. 만일 의식이 없다면 기도를 유지한 상태에서 최대한 빨리 병원으로 이송해야 한다.

제10절 붕괴사고예방

1. 건물 등의 바닥, 벽면, 기둥 등의 함몰, 균열, 흔들림이나 기울어짐 등의 발생 여부를 수시로 확인하여야 한다.
2. 붕괴사고 발생 시, 승강기 홀, 계단실 등 강한 내력벽체가 있는 안전한 곳으로 임시 대피하도록 한다.
3. 부상자의 경우, 가능한 빨리 안전한 장소로 함께 이동, 탈출한 후 응급처치를 한다.
4. 붕괴사고 발생에 대비하여 평소 대피로를 확인하고, 완강기, 로프, 비상용 손전등 등 구호 및 대피용품이 보관된 장소를 숙지하며 이를 주위에 주지시키도록 한다.
5. 붕괴사고 현장은 추가붕괴, 가스폭발이나 전기사고, 화재, 추락이나 낙하물 사고의 위험성이 높은 지역이니, 붕괴건물 외부에서는 가급적 멀리 떨어진 안전지역으로 이동, 대피하도록 하고, 지역주민 등이 사고현장에 함부로 접근하지 않도록 조치한다.

6. 붕괴사고 지역에서 탈출, 이동 시에는 추락이나 낙하물 사고 등이 발생할 우려가 높기 때문에 가방, 방석, 책 등으로 머리를 보호할 수 있도록 유의하여야 한다.

제11절 테러예방

1. 폭발물 테러

(1) 폭발물로 추정되는 물건은 접근하거나 함부로 만지지 말고, 경찰(112)에 신고한다.

(2) 폭발물로 의심되는 물건 주변에서는 기폭장치가 될 수 있는 휴대전화 등의 사용을 최대한 자제하여야 한다.

(3) 계절에 맞지 않는 옷차림, 주변 장소나 환경과 어울리지 않는 수상한 소지품을 갖고 있거나 의도적으로 CCTV, 경비원 등을 주시하거나 회피하는 등 수상한 행동을 하는 자를 확인하는 경우, 즉시 경찰(112)에 신고한다.

(4) 발송인이 확인되지 않거나 소인이 없는 우편물, 기타 평소 신원이 확인된 택배기사나 배달용역이 아닌 자에 의하여 직접 배달된 물건 등에 대하여 특히 주의하도록 한다.

(5) 우편물이나 택배물건에 금속류나 전선 등이 관찰되거나, 부피에 비하여 지나치게 무겁거나 과대포장된 물건, 독특한 냄새가 나거나 포장지 등에서 윤활유나 화학물질이 확인되는 경우에도 특히 주의하도록 한다.

(6) 폭발음이 들리는 경우에는 즉시 바닥에 엎드린 후, 상황이 안정되는 즉시 넓은 개활지역이나 공간으로 대피하도록 한다. 건물 내부 등 실내 공간인 경우, 폭발물이 설치된 반대 방향의 대피로, 비상계단 등을 이용하여 건물 외부로 신속히 탈출하도록 한다.

(7) 폭발 이후에도 2차 폭발물이 설치되어 있을 가능성을 고려하여, 폭발 주변의 의심스러운 물건이 있는지 확인하도록 한다.

2. 생물테러

- 수상한 물건을 확인하는 경우, 접근 또는 접촉하지 말고 즉시 대피한 뒤 경찰(112)에 신고한다.

3. 화학테러

(1) 수상한 물건을 확인하는 경우, 접근 또는 접촉하지 말고 즉시 대피한 뒤 경찰(112)에 신고한다.

(2) 가스 등 누출이 있는 경우, 즉시 손수건 등으로 입과 코를 막고, 피부노출을 최소화한 상태에서 개방된 넓은 실외 공간으로 대피하도록 한다.

(3) 바람이 부는 방향으로, 가급적 높은 장소로 대피, 이동하여야 한다.

(4) 오염된 것으로 예상되는 지역이나 장소는 접근하지 말고 회피하여야 한다.

(5) 차량이동 시에는 창문을 닫고, 에어컨이나 히터의 작동을 멈추고 실외공기가 유입되지 않도록 한 뒤, 오염된 것으로 추정되는 위험지역을 신속히 이동, 회피하여야 한다.

4. 방사능테러

(1) 방사능테러 경보를 확인한 경우, 신속히 손수건, 의복 등으로 코, 입을 가리고, 피부노출을 최소화한 뒤, 오염지역에서 이탈, 지정된 대피소로 이동하도록 한다.

(2) 위험지역이 실외인 경우, 건물 내부 등 실내공간으로 대피하여야 한다.

(3) 실내로 대피한 경우, 출입문과 창문을 폐쇄하고 에어컨, 환풍기 등의 작동을 중지하여야 한다.

(4) 방사능에 노출된 것으로 판단되는 경우, 탈의한 뒤 깨끗한 물로 샤워를 실시하고 오염되지 않은 새 옷으로 환복한다.

공 / 동 / 저 / 자 / 약 / 력

▸ **권창국**

- 동국대학교 일반대학원 법학과 졸업(법학박사, 형사법)
- 현 전주대학교 사회과학대학 경찰학과 교수

▸ **김봉석**

- 한국체육대학교 일반대학원 졸업(체육학박사)
- 현 전주대학교 문화융합대학 경기지도학과 교수
- 현 아시아태권도연맹 기술위원

▸ **박종승**

- 동국대학교 일반대학원 경찰행정학과 졸업(경찰학박사)
- 현 전주대학교 사회과학대학 경찰학과 부교수

▸ **신소라**

- 동국대학교 일반대학원 경찰행정학과 졸업(범죄학박사)
- 현 전주대학교 사회과학대학 경찰학과 부교수

▸ **송근석**

- 전주대학교 일반대학원 경찰행정학과 졸업(경찰학박사)
- 전 김제경찰서 경무과정(경정)
- 전 전주대학교 사회과학대학 경찰학과 객원교수

▸ **이만춘**

- 전주대학교 일반대학원 법학과 졸업(법학박사, 형사법)
- 전 전북지방경찰청 경찰학과 교수(경정)
- 전 전주대학교 사회과학대학 법학과 객원교수
- 현 전북지방검찰청 형사조정위원

▸ **조정규**

- 전북대학교 일반대학원 체육학과 졸업(체육학박사)
- 전 전주대학교, 서해대학교 시간강사

▸ **홍승표**

- 동국대학교 일반대학원 경찰행정학과 졸업(경찰학박사)
- 현 전주대학교 사회과학대학 경찰학과 조교수
- 현 전주대학교 민간경비교육센터 센터장

개정3판

일반경비원
신임교육교재

초판발행 2016년 8월 31일
개정판발행 2018년 9월 10일
개정2판발행 2021년 6월 10일
개정3판발행 2024년 3월 31일

지은이 권창국 · 김봉석 · 박종승 · 신소라
송근석 · 이만춘 · 조정규 · 홍승표
펴낸이 안종만 · 안상준

편집 사윤지
기획/마케팅 최동인
표지디자인 유지수
제 작 고철민 · 조영환

펴낸곳 (주) 박영사
서울특별시 금천구 가산디지털2로 53, 210호(가산동, 한라시그마밸리)
등록 1959. 3. 11. 제300-1959-1호(倫)
전 화 02)733-6771
f a x 02)736-4818
e-mail pys@pybook.co.kr
homepage www.pybook.co.kr
ISBN 979-11-303-1957-5 93350

정 가 11,000원